W0365939

Dorothea Christ

Marc Chagall

Parkland Verlag Stuttgart

Umschlagbild:
Die Liebenden unter dem Lilienstrauß

1922–1925
Öl auf Leinwand
116,3 × 89,3 cm
bez. u. l. 1922–1925 Chagall Marc
Privatbesitz
(Siehe auch Seite 32)

Bildnachweis:
Mit Ausnahme von Abb. 4 (Guggenheim Museum, New York), Abb. 6 und 12 (Mme Ida Meyer-Chagall) und Abb. 19 (Gal. Aimé Maeght, Paris) stammen alle Farbaufnahmen von Walter Dräyer, Zürich.
© 1973 ADAGP, Paris, und COSMOPRESS, Genf.

ISBN 3 - 88 059 - 089 - 3
Parkland Verlag Stuttgart
mit Genehmigung des Hallwag Verlags
Bern und Stuttgart
Druck: Buch- und Offsetdruck Ernst Uhl, Radolfzell

Einführung

Müßte Chagall mit einer knappen Formel charakterisiert werden, so könnte sie lauten: «Er glaubt an Bilder.» Der Formel allerdings hätte sogleich eine Interpretation zu folgen.

«Er» – das umfaßt die ganze Persönlichkeit Chagalls, nicht bloß den Maler, den Erzeuger von Bildern. Von frühester Kindheit an, in einem Milieu, dem Kunst und Künstler ferne Begriffe waren, hat Chagall in Bildern gelebt, in Bildern das Leben wahrgenommen, im Bilddenken seine Erfahrungen gesammelt, die Welt bewältigt oder ihre Unfaßbarkeit wahrgenommen. Der Entschluß, selber Bilder zu machen, erwächst aus der Unmöglichkeit, anders als bildhaft zu sehen, zu fühlen und zu denken.

«Glauben» an Bilder – das schließt eine selbstverständliche Vertrautheit mit Formen und Formeln visueller Wahrnehmungs- und Mitteilungsweise ein, die weit über das Reflektive hinausführt. Glauben bedeutet in diesem Fall ein Finden und Erfahren von Kräften, deren Manifestation keine Schranken zwischen spontanem Begreifen und gedanklichem Nachvollzug kennt: Urbilder erfindet man nicht – sie waren immer da, man findet sie auf, man braucht sie weder zu analysieren noch ihre Bedeutung zu erlernen. Sie sind eine Sprache der Seele so gut wie ein Dialekt des Geistes. Glaubhaft sind sie, weil ihre Wirkung ohne weitere Erklärung ausstrahlt. In diesem Sinn glaubt Chagall an die Notwendigkeit, an die Selbstverständlichkeit von Bildern. Und er ist einer der wenigen, vielleicht der einzige Künstler unseres Jahrhunderts, dessen Bildwelt ganz im Urgrund des Erlebnishaften wurzelt und darum glaubhaft wirkt.

«Bilder» – damit sind niemals Gleichnisse, vom Verstand geleitete Versinnbildlichungen gemeint, auch nicht Abbilder – auch nicht Resultate logischer Konstruktionen. Bilder sind freie Schöpfungen, geformt nach Bildgesetzen handwerklicher wie geistig-seelischer Bedingungen. Nichts ist Chagall verhaßter als Deutungen seiner Bilder, deren Bezugspunkte letztlich außerhalb des Werks liegen. Bilder sind die schaubare Botschaft von Urmächten, von Urerfahrungen, von Gefühl, Wille und

Wunsch. Realität und Vision vereinigen sich im Bild. Sache des Bildermachers ist es, den Ausdruck für diese Komplexität zu finden. Sache des Betrachters ist es, dieser Komplexität Rechnung zu tragen. Er muß Bedeutung und Belanglosigkeit gegenständlicher Bildsprache gleichermaßen ernst nehmen. Er muß es hinnehmen, daß Figuren, Tiere, Hausrat, Gewächse und Häuser wohl ihre Bedeutung haben und Assoziationen mit sich bringen – daß sie aber auch jederzeit jenseits alles Gegenständlichen und Sinnbildlichen nur als bildnerisches Element im formalen Kontext der Gesamtkomposition zählen. Diese Freiheit nimmt sich der mit schärfstem Kunstverstand begabte Chagall im Gegensatz zum naiven Künstler. Er ist frei von den Zwängen der Ratio – aber er ist auch frei vom Druck der verbindlichen Metapher.

Von Chagall spricht man immer wieder als von einem Sonderfall der Kunst unseres Jahrhunderts: Er ist der «Maler-Poet», dessen dichterisch-gefaßte Bildwelt nun schon 65 Jahre Bestand hat, alle Stilwandlungen und Brüche überdauerte. Mehr: Chagall gilt als der Maler, der die Bilderfahrung seiner Jugend hartnäckig und unermüdlich bis ins Alterswerk mittrug und unermüdlich aus ihr schöpfte. In bezug auf das figürliche Inventar stimmt das – teilweise –, nicht aber in bezug auf die Erweiterung und Vertiefung der psychischen Aussage, die für Chagall wie für jeden Künstler das wesentliche Ziel der formalen Aussage ist.

Die Bilder und Geschehnisse der Kinder- und Jugendzeit in der weißrussischen Provinzstadt Witebsk, in Liosno, dem Dorf der Großeltern, bilden allerdings den Wurzelstock, aus dem alle Gewächse von Chagalls Figurationen letztlich ihre Kraft beziehen. Aber Chagall zählt zu den großen, echten Spielern, die nicht nur zu Metaphern, sondern auch zu Metamorphosen begabt sind, und er hat sich durch sein ganzes Schaffen hindurch mit größter Leichtigkeit neue Formensprachen aneignen können, soweit sie der Geschmeidigkeit seiner ureigenen Melodien dienlich waren. Er hat sich dem Fauvismus, dem Kubismus, dem Surrealismus nicht nur spielerisch genähert, sondern Wesentliches daraus in sein Schaffen transponiert, gleichzeitig eigene Impulse zurückgeschickt. Das Verharren bei der Bildwelt der russisch-jüdischen Heimat ist allzu betont, die Lust, sich in neuem Klima zu bewegen, gleichzeitig allzu offenbar, als daß es sich nicht im letzten um ein sehr gezieltes, absolute Freiheit der Bewegung gewährendes Spiel handeln könnte. Bildwahl, Formensprache, Thematik dienen dem einen Ziel: in unbeengter Freiheit sich der Bewegung des Lebens anzuvertrauen. Sie ist der Widerschein der göttlichen Bewegung, die alles erfüllt.

Witebsk, an der Mündung der Einmündung der Witsba in die Dwina gelegen, zählte zur Zeit von Chagalls Jugend knapp 50000 Einwohner. Die Hälfte davon waren Juden. Nicht einmal ein Zehntel der Häuser war aus Stein gebaut – der Rest bestand aus hölzernen Block- oder Schuppenhäusern. 30 Kirchen gab es und 50 Synagogen und jüdische Schulen. Ungepflasterte Straßen, Lattenzäune, Hinterhöfe und -häuser, die Brücke über die rauschende Dwina; eine große Sippe, viele vertraute Nachbarn, das Dorf, in dem der Großvater Metzger und der Onkel Viehhändler waren; das elterliche Haus, in das der Vater abends erschöpft von der Arbeit als Angestellter eines Heringhändlers zurückkehrte und in dem die Mutter voll Energie nicht nur die vielköpfige Familie versorgte, sondern auch einen kleinen Lebensmittelladen betrieb. Die Frömmigkeit der chassidischen Familientradition, das Sich-Schicken in die engen, aber nicht armseligen Verhältnisse, die Freiheit in der Geborgenheit der durch Staatsverordnungen und eigene Tradition in sich geschlossenen Welt der jüdischen Menschen – das alles war Chagalls Jugendbezirk. Er hat ihn geschildert in den Aufzeichnungen, die 1931 in der französischen Fassung unter dem Titel «Ma vie» erschienen, im wesentlichen aber 1922 abgeschlossen waren.

Aber ebenso wichtig wie dieser mütterliche Heimatgrund sind für Chagall die Ausbrüche aus ihm: das außerordentliche Ereignis, daß dieses kleinbürgerliche jüdische Angestelltenkind nach der jüdischen Elementarschule bis zum 19. Lebensjahr die Staatsschule besuchen konnte. Das unerhörte Begebnis, daß dieser schmächtige Schulentlassene es durchsetzte, in die Schule des einzigen Witebsker Kunstmalers gehen zu dürfen, um den ausgefallenen Beruf eines Künstlers zu ergreifen. Die kühne Übersiedlung nach Petersburg mit 20 Jahren, auf der Suche nach jener Schulung, die ihm notwendig schien. Der Absprung nach Paris endlich mit 23 Jahren – gegen den Rat des für Chagall wichtigsten Petersburger Lehrers Bakst, der seinem Schüler die Fähigkeit, sich durchzusetzen, nicht zutraute. Auch die Rückkehr nach Witebsk nach vier Auslandsjahren wurde nur zum Gastspiel: 1922 verließ Chagall Rußland endgültig, um sich nach einem kurzen Jahr in Berlin definitiv in Paris niederzulassen. Die Jahre in Amerika von 1941 bis 1948, erzwungen durch die Rassenpolitik der Deutschen, bedeuten nochmals einen ähnlich starken Milieu- und Klimawechsel, wie ihn der Weg von Rußland nach Paris brachte. Aber für Chagall war der Auszug aus der zweiten Heimat von Anfang an nur ein Zwischenspiel: 1948 kehrte er nach Frankreich zurück, seit 1950 lebt er in Vence und St-Paul de Vence. Ständige Domizilwechsel, aus finanziellen oder beruflichen Gründen, kennzeichnen das Leben Chagalls. Während des Ersten Weltkriegs zog er mit seiner jungen Frau in Witebsk, Petersburg und Moskau von Wohnung zu Wohnung, von der Stadt aufs Land, vom Land in die Stadt. In den Berliner Monaten 1922/23 hatten die Chagalls vier Adressen, dazwischen schoben sich zwei Landaufenthalte im Schwarzwald und in Thüringen ein. In Paris pendelten sie ständig von der Stadt in die Provinz. Auch in New York wechselten sie zwischen Stadt und Land. Diese ewigen Wechsel entsprangen äußerer wie innerer Notwendigkeit. Sie ermöglichten die Erfahrungsfülle immer neuer Umgebungen. Dies ständige Déménagement vor dem Hintergrund einer festen geistig-seelischen Bindung an die russische Urheimat, die sich manchmal in euphorischen Botschaften Luft macht, gehört zum Wesen Chagalls. Nicht nur auf seinen Bildern ist alles im Schweben und in Bewegung. Er selber erträgt die Bindung in ein festes Gefüge nicht. Sie widerspricht einer Grundhaltung, die in der Dynamik von Vorgängen, in der harmonischen Bewegung, im «chemischen» Prozeß der Gestaltfindung den Weg zur Vollendung sieht. Das Wachhalten der Erinnerung an die Basis vertieft dieses Bewußtsein, in einem freien Raum zu schwingen. Chagall kreist zwischen zwei Polen. Witebsk ist nur der eine – das strahlende Ziel einer totalen geistigen Freiheit der andere.

Kann eine Werkauswahl von 20 Bildern dem Schaffen eines Künstlers gerecht werden, der während 65 Jahren intensiver Arbeit Staffeleibilder, Graphik, Glasmalerei, Keramik, Skulpturen, Mosaiken, Wandbilder, Teppichentwürfe, Bühnenausstattungen hervorgebracht hat? Sicher nicht. In der Beschränkung auf Staffeleibilder liegt von vornherein das Eingeständnis, daß es sich hier nur um eine Annäherung von bestimmten Punkten her handelt. Das grundlegende Werk über Chagall, die große Monographie von Franz Meyer (erschienen 1961 bei DuMont Schauberg, Köln), bietet dagegen eine mustergültige Darstellung von Persönlichkeit und Werk. Das von Werner Haftmann 1972 im selben Verlag erschienene Buch über Chagall umfaßt auch das Schaffen des letzten Jahrzehnts.

1887
Marc Chagall wird am 7. Juli in Witebsk in Weißrußland geboren. Er wächst als ältester von neun Geschwistern in einer vom chassidischen Judentum stark geprägten Umgebung auf. Der Vater, ein sanfter, verschlossener Mann, arbeitete als Angestellter in einem Heringsdepot. Die Mutter sorgte als sehr energische und tatkräftige Frau für ihre Familie und führte nebenbei noch einen kleinen Lebensmittelladen. Bei ihr fand Chagall Unterstützung, als er nach Absolvierung der Gemeindeschule schließlich Kunstmaler werden wollte.

1906
Eintritt in die Malschule von Jehuda Pen. Pen hatte sich an der Petersburger Akademie ausgebildet und wirkte in Witebsk als Genremaler, Porträtist und Landschafter. Da ihm der Unterricht bei Pen nicht genügte, verließ Chagall die Schule bald wieder.

1906–1907
Im Winter wagt Chagall den Sprung nach Petersburg. Er kann an der Schule der Kaiserlichen Gesellschaft zur Förderung der Künste bei Nicolai Roerich Unterricht nehmen, den seine Bühnenbilder für Diaghilew bekannt machten. Chagalls Begabung wurde anerkannt, er erhielt sogar ein bescheidenes Monatsgeld. Trotzdem verließ er die Schule nach anderthalb Jahren, weil sie ihm nicht genügend Anregung bot.

1908–1910
Einige Monate an einer Privatschule, dann Eintritt in die von der russischen Malerin Swansewa 1899 in Moskau gegründete, 1905 nach Petersburg transferierte Schule. Der führende Lehrer war Leon Bakst, der später in Paris ebenfalls für Diaghilew arbeitete. Durch ihn wurde Chagall mit der zeitgenössischen Kunst Europas vertraut.

In Witebsk findet Chagall während seiner häufigen Aufenthalte Zugang zu einem Kreis der jungen jüdischen Intelligentsia, die sich für zeitgenössische Kunst interessiert. Er selber besitzt in Petersburg wie Witebsk schon einen gewissen Ruf als vielversprechender junger Künstler.

1909
Chagall lernt seine spätere Gattin Bella Rosenfeld, jüngste Tochter einer vermögenden Kaufmannsfamilie, kennen. Sie hatte eben ihr Studium an der philosophisch-historischen Fakultät der Mädchenhochschule Guerrier in Moskau begonnen. Bella schilderte später die Zeit ihrer ersten Bekanntschaft mit dem jungen Künstler im Buch «Erste Begegnung».

1910
Chagall bittet Bakst, ihn als Gehilfen mit nach Paris zu nehmen, wo Bakst Aufträge für das Diaghilew-Ballett hatte. Gegen den Rat seines Lehrers, der Chagall für ungeeignet hielt, reist er im Spätsommer doch nach Paris. Die alten Meister des Louvre und die zeitgenössischen Maler in den Privatgalerien wurden ihm zu unerhörten Anregungsquellen, vor allem die Stadt selbst. Chagall setzt sich mit van Gogh, mit den Fauves und dem Kubismus auseinander.

1911
Atelier in der «Ruche», einem riesigen Atelierkomplex im Vaugirard-Quartier in der Nähe der großen Schlachthöfe. Dort und in der Gegend des Montparnasse traf Chagall, der an sich sehr zurückgezogen lebte, Dichter, Kritiker und Künstler: Cendrars, Apollinaire, Léger, Max Jacob, André Salmon, La Fresnaye, Delaunay, Modigliani, Gleizes, Segonzac, Laurens, Archipenko. Mit dem Dichter Blaise Cendrars verbindet ihn besondere Freundschaft.

1912
Erste Teilnahme am Salon des Indépendants und am Salon d'Automne.

1913
Durch Apollinaire, der beim ersten Atelierbesuch bei Chagall vor den eigenwilligen Werken des Russen das Wort «surnatu-

rel» murmelte und damit den Vorläuferbegriff zum späteren «surrealistisch» prägte, lernt Chagall den Berliner Kunsthändler und Mäzen Herwarth Walden und seine Frau Nell Walden kennen. Walden propagiert in seiner Galerie und Zeitschrift «Der Sturm» Chagall, der die deutschen Expressionisten stark beeindruckt.

1914
Erste Einzelausstellung bei Walden in der «Sturm-Galerie» in Berlin. Chagall fährt im Juni zur Eröffnung hin, reist dann erstmals nach vier Jahren wieder in die Heimat zu einem Besuch. Der Ausbruch des Krieges hält ihn in Rußland zurück.

1915
Heirat mit Bella Rosenfeld. Chagall muß seiner «Militärpflicht» in einem Büro für Kriegswirtschaft in Petersburg genügen, das von seinem Schwager, dem Juristen Jacov Rosenfeld, geleitet wird.

1916
Geburt der Tochter Ida.

1917
Nach der Oktoberrevolution Rückkehr nach Witebsk.

1918
Chagall wird im August zum Kunstkommissar im ehemaligen Gouvernement Witebsk ernannt. Er organisiert das erste Jahresfest der Revolution als gewaltige Kunstmanifestation, die die ganze Stadt erfassen soll.

1919
Eröffnung der von Chagall ins Leben gerufenen Akademie in Witebsk. Die «Erste staatliche Ausstellung revolutionärer Künstler» in Petrograd wird für Chagall, der mit 15 großen Gemälden und Graphiken vertreten ist, zu einem Triumph. Wichtige Werke werden vom russischen Staat angekauft.

Chagall zieht Lissitzky, Malewitsch und auch den alten Lehrer Pen an seine Kunstschule. Es kommt bald zu Auseinandersetzungen mit den Suprematisten, deren konsequente Geometrie Chagall ablehnt und die ihrerseits die «bürgerlich-romantische Gegenständlichkeit» Chagalls bekämpfen. Dem Publikum und Parteikreisen wird der Avantgardismus der Kunstschule verdächtig.

1920
Chagall demissioniert und verläßt Witebsk. In Moskau kann er für das neugegründete jüdische Theater Bühnenausstattung und Kostüme der Eröffnungsaufführung machen und die Theaterräume ausmalen.

1921
Chagall leitet in der Nähe von Moskau auf dem Land eine Kriegswaisen-Kolonie. Seine künstlerischen Ziele decken sich immer weniger mit dem neuen Regime.

1922
Er verläßt Rußland endgültig und lebt mit seiner Familie vorerst in Berlin. Der Ertrag der von Walden zwischen 1914 und 1922 verkauften Werke schmolz in der Inflation dahin – Chagall erhält nach einem Prozeß nur drei größere Bilder und einige Gouachen zurück. Im Auftrag von Paul Cassirer schafft er zu seiner 1911 begonnenen, 1922 in Berlin vollendeten Autobiographie «Mein Leben» die ersten Radierungen. Das Buch erscheint aber erst neun Jahre später in der französischen Fassung bei Vollard in Paris.

1923
Chagall übersiedelt mit seiner Familie nach Paris. Durch Blaise Cendrars lernt Chagall den Kunsthändler Ambroise Vollard kennen. Für ihn führt er

1924–1925
Illustrationen zu den «Toten Seelen» von Gogol aus. Verschiedene Landaufenthalte; Auseinandersetzung mit der französischen Landschaft.

1926–1927
Für Vollard entstehen Illustrationen zu den Fabeln von La Fontaine und zum Thema «Zirkus». Erster Sommeraufenthalt am Mittelmeer in Mourillon bei Toulon. Im Winter arbeitet Chagall während mehrerer Jahre in Savoyen.

1930
Sommer und Herbst in den Alpes Maritimes. Vollard erteilt den Auftrag zur Illustration der Bibel.

1931
Erste Palästina-Reise. Die Arbeiten an den Bibelradierungen ziehen sich über die Jahre 1931–1939 und 1952–1956 hin. Die Illustrationen erscheinen erst nach dem Tod Vollards und nach dem Zweiten Weltkrieg bei Tériade.

1932–1937
Reisen nach Holland, Spanien, Polen, Italien.

1933
Große Retrospektive in der Kunsthalle Basel.

1939
Chagall erhält den Preis der Carnegie-Stiftung. Er wohnt bei Kriegsausbruch in der Loire-Gegend.

1940
Chagall zieht nach Gordes in Südfrankreich. Als Jude ist er aber bald auch jenseits der Demarkationslinie unsicher.

1941
Das Museum of Modern Art, New York, lädt verschiedene gefährdete Künstler nach den Vereinigten Staaten ein. Im Juni macht Chagall endlich von diesem generösen Angebot Gebrauch. Es gelingt ihm sogar, die Werke der Frankreichperiode aus Europa in die Staaten zu schleusen.

1942
Im Zusammenhang mit dem Auftrag zur Ausstattung des Bal-

letts «Aleko» nach Tschaikowski, dessen Uraufführung in Mexico-City stattfindet, vier Wochen in Mexico.

1943–1944
Sommeraufenthalte in den Adirondacks-Bergen N.Y.

1944
Erkrankung und Tod von Bella im September.

1945
Neun Monate nach dem Tod Bellas vermag Chagall seine künstlerische Arbeit wieder aufzunehmen. Bühnenbilder und Ausstattung zum «Feuervogel» in der Metropolitan Opera in New York.

1946
Große Retrospektive im Museum of Modern Art, New York. Lithographien zu «Tausend und eine Nacht» (Arabian Nights).

1948
Rückkehr nach Frankreich; Chagall wohnt in Orgeval bei St-Germain-en-Laye, zieht aber bald in den Midi nach St-Jean-Cap-Ferrat. Freundschaft mit dem Kunstkritiker und Verve-Herausgeber Tériade.

1949
Wandbilder für das Watergate Theatre, London.

1950
Chagall läßt sich in Vence nieder, wo er das Haus «La Colline» kauft. Er beginnt sich mit Keramik zu beschäftigen.

1952
Zweite Reise nach Israel.

1952
Heirat mit Valentine (Vava) Brodsky. Erste Griechenlandreise im Hinblick auf Illustrationen zum Hirtenroman «Daphnis und Chloë» von Longus, die Tériade anregte.

1953
Chagall realisiert eine Folge von Paris gewidmeten großen Bildern.

1956
Wandbild für das Foyer des Frankfurter Theaters.

1957
Die «Bible» erscheint bei Tériade. Dritte Reise nach Israel zur Eröffnung des «Chagall-Hauses» in Haifa. Keramikreliefs und zwei Glasfenster für die Kirche auf dem Plateau d'Assy.

1958
Dekorationen und Kostüme für das Ballett «Daphnis und Chloë» von Ravel für die Pariser Oper.

1960
Ausführung des ersten Fensters für die Kathedrale von Metz. Beginn der Zusammenarbeit mit Jean Marq, dem Leiter des Glasmalerei-Ateliers Simon in Reims.

1961
Zwölf große Glasfenster für die Synagoge der Hadassah-Klinik bei Jerusalem.

1962–1963
Zweites Fenster für Metz.

1964
Beendigung der Arbeit am Deckengemälde der Pariser Oper.

1965
Wandgemälde für die neue Metropolitan Opera, New York; Dekorationen und Kostüme für die «Zauberflöte» für die Met; Glasmalereien für die Dag-Hammarskjöld-Gedenkstätte und die Rockefeller-Kapelle (installiert 1968); Lithographien zu «Exodus».

1966
Mosaikwand, zwölf Wandfelder und Gobelinentwürfe für das neue Parlamentsgebäude in Jerusalem. Chagall übersiedelt von Vence in sein neues Haus nach St-Paul-de-Vence, wo er bis heute lebt.

1967
Große Retrospektive zum 80. Geburtstag in Zürich und Köln.

1968
Mosaik für die Faculté de Droit der Universität Nizza.

1969
Grundsteinlegung für das Gebäude der Stiftung «Méssage Biblique» in Nizza.

1970
Einweihung der Fenster im Chor des Fraumünsters, Zürich.

1973
Reise nach Rußland, wo Chagalls vor 1922 noch vom Staat erworbene und von Sammlern zusammengetragene Kunst bis vor kurzem in den Depots der Museen von Moskau und Leningrad verborgen war. Chagall besuchte seit 1922 Rußland zum erstenmal; Anlaß bot eine Ausstellung seines lithographischen Werks in der Tretjakow-Galerie, Moskau.

Einweihung des Musée National «Méssage Biblique» mit einer Schenkung Chagalls von 17 großen Gemälden, 54 kleineren Ölbildern, 43 Zeichnungen, einem großen Wandmosaik und weiteren Werken, die alle um die biblische Botschaft des Alten Testaments kreisen. Das vom französischen Staat erbaute Museum soll mit seiner Bibliothek, dem Musiksaal und dem Chagall-Museum der Öffentlichkeit zu einer Heimstätte der Kultur und inneren Sammlung werden.

Der Tote

Abb. 1

1908
Öl auf Leinwand
69 × 87 cm
bez. u. r. Marc Chagall 1908
Privatbesitz

In der Petersburger Zeit, die oft durch längere Aufenthalte in Witebsk unterbrochen wurde, entstanden mehrere Kompositionen, die sich auf zentrale Ereignisse des Lebens beziehen: Hochzeit, Tod, Geburt, Beschneidung. «Der Tote» wurde zum berühmtesten frühen Meisterwerk Chagalls. Es ist eine Bildkomposition von Munchscher Gewalt: Aufruhr und Stille, Gedränge und Leere, schwarze Starre und fahler Lichtschein in einem. Die zwei sich kreuzenden Bilddiagonalen teilen die Farb- und Aktionsfelder ein: Schwärze und stumpfe Erdfarbe vom unteren Bildrand aufsteigend; ein schweres, zähes Fahlgelb sich vom Himmel auf die schiefen Witebsker Häuschen senkend; panischer Schrecken rechts; Totenstarre und unberührte Selbstversunkenheit links. Das Bild ist zu dem Zeitpunkt entstanden, da in der europäischen Kunst überall der Drang nach dem kräftig Urtümlichen, dem «Primitiven» stark war. Unverkennbar formuliert auch Chagall sein Motiv, eine dörfliche Witebsker Straße in jener betont ungelenken Expressivität, die statt Schönheit natürliche Ausdruckskraft sucht. Die Vereinigung scheinbar inkohärenter, grotesk-unlogischer Einzelmotive betont die unheimliche Stimmung einer ins Pathetische umschlagenden Alltagsszene.

Wie bewußt – künstlerisch bewußt – der Aufbauvorgang eines solch scheinbar naiv fabulierenden Bildes vor sich ging, ergibt sich aus Chagalls eigenen Äußerungen zu dem Bild: Er war im Haus eines Bekannten, dem er einige Malstunden gab. Beim zufälligen Blick aus dem Fenster packte ihn die eigentümliche Leere einer toten Straße. Wie dies unvermutete, aus den Tiefen eigener Daseinsangst aufsteigende Erlebnis der Öde, der Bedrohung malerisch gestalten, ohne naturalistisch oder allegorisch zu sein? «Wie eine Straße malen, mit psychischen Formen, aber ohne Literatur, eine Straße konstruieren, eine Straße so schwarz wie ein Toter, aber ohne Symbolismus?» Es stellen sich Erinnerungsbilder ein, die Chagall als Kind aufgenommen hat: «Eines Morgens, noch ehe es hell geworden war, drangen plötzlich Schreie von der Straße her zu den Fenstern hinauf. Beim schwachen Schein des Nachtlichts konnte ich eine Frau erkennen, die allein durch die leeren Straßen lief. – Sie ringt die Hände, schluchzt, fleht die noch schlafenden Bewohner an, ihrem Mann zu Hilfe zu kommen . . . Schon liegt der Tote in feierlicher Trauer auf der Erde aufgebahrt, sechs Kerzen erleuchten sein Antlitz.» Aus den Besuchen in Liosno steigt die Erinnerung an den geliebten Großvater auf, der sich an einem schönen Festtag friedlich auf das Dach des Hauses zurückgezogen hatte und Rüben knabberte. Und an Onkel Neuch, der auf seiner Geige spielte. Die Kunst besteht darin, mit den Augen und der Seele geschaute Bilder so zu vereinigen, daß ihr Zusammenklang dem Thema gerecht wird.

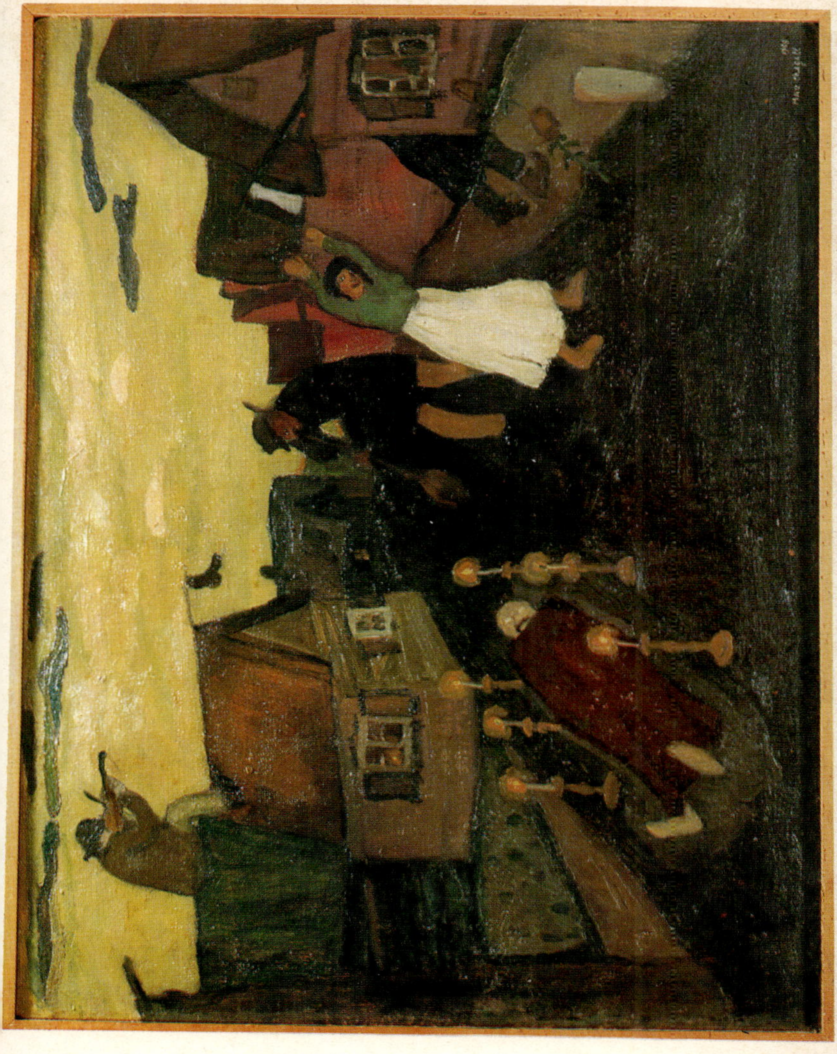

Die Geburt

Abb. 2

1911
Öl auf Leinwand
46 × 36 cm
bez. u. r. Chagall 1911
Privatbesitz

Das Gegenstück zum «Toten» bildet die «Geburt», in der ersten Fassung 1910 entstanden. Ein Jahr später, mitten in der Auseinandersetzung mit dem Kubismus und mit Delaunays Kunst in Paris, nahm Chagall das Thema wieder auf. Das erste, noch in Petersburg geschaffene Geburtsbild ist von derselben urtümlichen Kraft erfüllt wie «Der Tote», der übrigens in Paris 1911 ebenfalls neu formuliert wurde. Chagall konnte sich nicht lösen von zu seiner Jugendwelt gehörenden Lebensbildern. Auch hinter der «Geburt» steht das reale Erlebnis: eines Tages kehrt das Kind Marc von einem Spitalaufenthalt allein ins Elternhaus zurück und gerät unvermutet in die Aufregung und das Ritual, die sich um die Niederkunft seiner Mutter entfalten; sie schenkte einem jüngeren Bruder das Leben. Das Petersburger Bild faßt das Geburtsereignis in eine zweiteilige Komposition von düsterer, fast heidnischer Gewalt: links das zeltartige, rote Himmelbett mit der halbnackten Entbundenen und der priesterlichen Hebamme, die den Säugling wie ein Opfertierchen dem Betrachter entgegenhält; rechts im selben kahlen, nächtlichen Raum im Lichtschein einer Lampe die Männer, die sich zu den rituellen Handlungen anschicken, mit denen ein Elementarereignis gebannt und erhöht wird.

Die kleine Pariser Fassung von 1911 verändert den Charakter des Bildes total. Sie bringt die Szene in ein Hochformat; die ehemalige Nebeneinanderstellung von Geburtsvorgang und religiösem Begleitritual reduziert sich auf die scharfe Schräge, die Nachtdunkel und helles Licht trennt. Die Entbundene auf offenem Bettgestell, die Hebamme und der mit dem Kind zum Bottich eilende Mann sind im selben Lichtraum zusammengefaßt. Das lineare Gerüst einer geometrisch klaren Komposition ordnet Vorgänge, Farben und Klima der Geburtsstube.

Läßt sich aus dem Wandel nicht zwingend ablesen, wie wichtig für Chagall der Vorgang einer Klärung durch die Ratio westlicher Formsprache wurde, wie sehr er bereit ist, den Urgrund seines östlichen Erbes zu lockern und die Anmut einer lichteren Ordnung aufzunehmen?

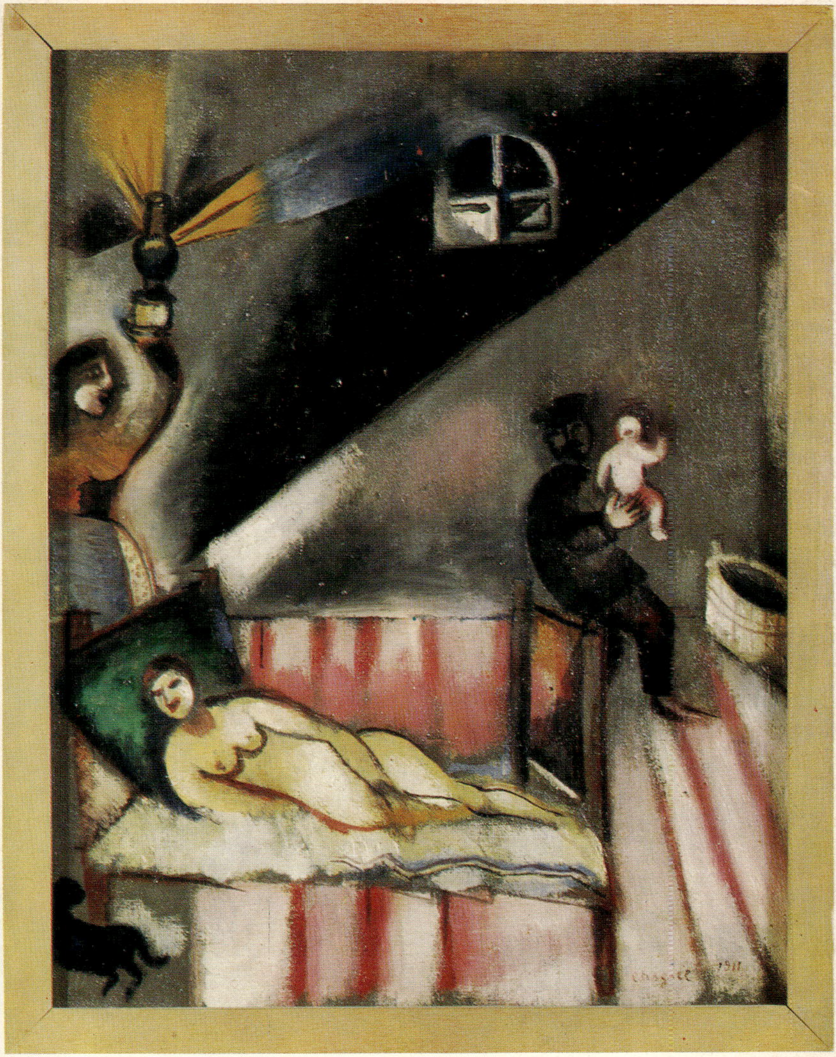
Chagall 1911

Meine Braut mit schwarzen Handschuhen Abb. 3

1909
Öl auf Leinwand
88 × 64 cm
bez. u. r. Chagall 1909
Kunstmuseum Basel

Von Petersburg aus kehrte der Kunststudent Chagall oft für Wochen oder Monate nach Witebsk zurück. Die Eltern gaben ihm in einem der hölzernen Hinterhäuser bei einem ihrer Untermieter einen eigenen Raum, in dem er wohnte und arbeitete. Der Weg zu seinem Zimmer führte durch Küche und Eßzimmer des alten Fellhändlers Jawitsch, der am Tisch saß, seinen Tee trank und nach Fell roch. «Mein Zimmer wurde erhellt von dem tiefen Blau, das durch das einzige Fenster hereindrang. Das Licht kam von fern: von dem Hügel, auf dem die Kirche stand...» In die Zeit dieser ersten Selbständigkeit, in die Periode dieser merkwürdigen, in die heimische Kleinbürgerlichkeit eingebetteten Künstlerboheme, da Chagall sich in Petersburg in der Schule von Bakst entfaltete und in Witebsk erstmals Anschluß an die jungen, kunstinteressierten Leute des gehobenen Bürgertums fand – in diese Zeit fiel die Begegnung mit Bella Rosenfeld.

Augenblicklich wußten beide, daß sie zusammengehörten. Bella, die jüngste Tochter einer sehr reichen Kaufmannsfamilie, schön, gebildet, sanft, scheu, von außerordentlicher Klugheit, und Marc Chagall, der Sohn eines Handlungsangestellten, arm, ein unfertiger Maler, aber ausgestattet mit dem Reichtum seiner Begabung und dem keimenden Selbstbewußtsein, sich auf dem richtigen Weg zu einem großen Ziel zu wissen. Bella verzauberte und erleuchtete ihn wie das blaue Licht seines einzigen Fensters; sie muß ihm aber auch eine tiefe ehrfürchtige Scheu eingeflößt haben.

In der Zeit der ersten Bekanntschaft entstand das Bildnis mit den schwarzen Handschuhen. Bella im weißen Kleid als Lichtgestalt vor dem dunklen Grund mit langfließendem Haar und gekrönt von einem blauen Béret. Die ganze Sitzpose, auch die Stellung der in die Hüften gestützten Hände, die Formung des Körpers bleiben merkwürdig unbestimmt. Um so entschiedener die Wendung des Kopfes, der Blick in eine seitliche Ferne, die Zierlichkeit der schwarzbehandschuhten Finger. Und um so sicherer auch die Farbwahl: das geisterhaft leuchtende Weiß, der Blauschimmer, die zarte Blässe im Teint. Die Spannung zwischen der etwas forcierten Pose und dem instinktsicheren Aufbau eines ernsten und zugleich unendlich lieblichen Farbklangs trifft das Wesen des Mädchens, das nun eben seelisch und geistig ins Format des erwachsenen Menschen hineinwächst.

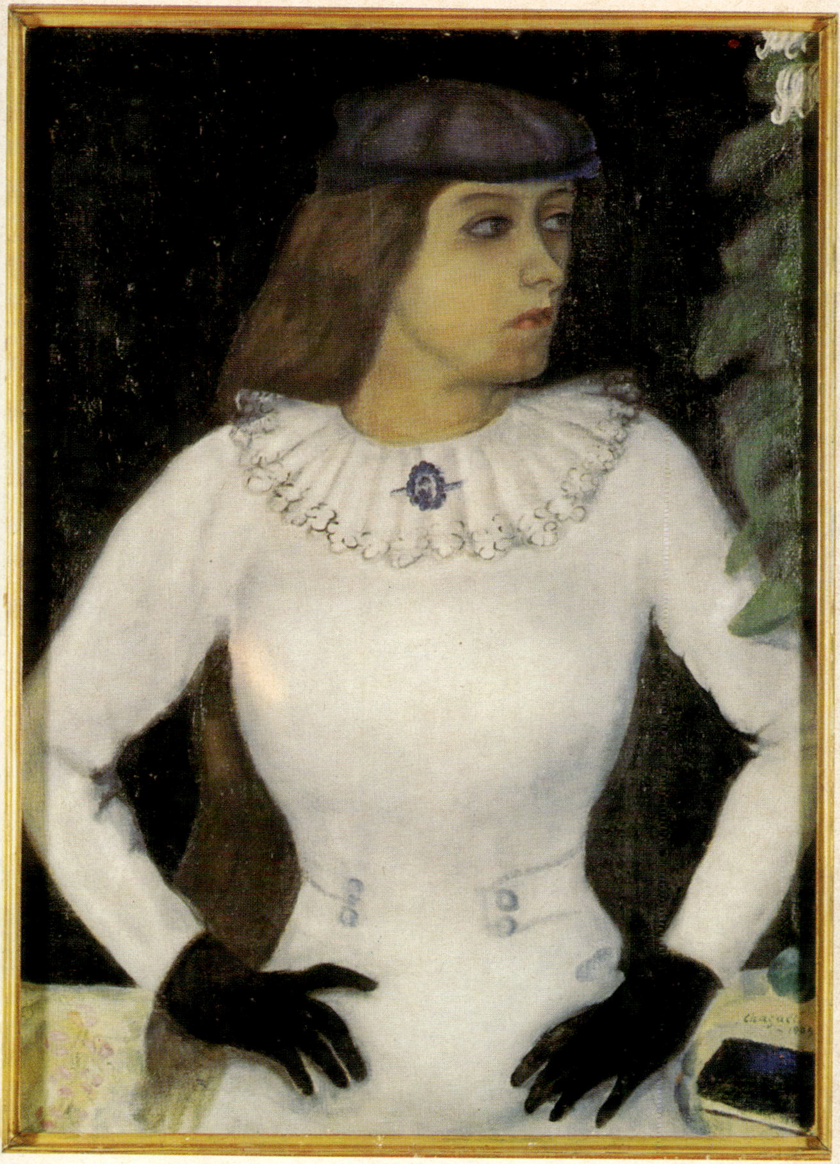

Paris durch mein Fenster

Abb. 4

1913
Öl auf Leinwand
132,7 × 139,2 cm
bez. u. l. Chagall
The Salomon R. Guggenheim Museum Collection, New York

Mit den Bildern seiner russischen Heimat im Herzen, begleitet vom Bild seiner unerreichbar fernen, eben erst gefundenen Braut, reiste Chagall 1910 nach Paris. «Nur die Riesendistanz zwischen Paris und meiner Heimatstadt hielt mich davon ab, sofort, oder nach einer Woche, oder nach einem Monat zurückzukehren . . .» Aber Chagall wird doch sogleich von Paris geschluckt: «Der Louvre hielt mich zurück . . .» Veronese, Manet, Delacroix, Courbet, aber auch die Vorgänger der Gegenwart: die Impressionisten Gauguin, van Gogh, Cézanne. Unermüdlich durchwandert Chagall die Stadt, die Museen, Galerien. Unermüdlich sitzt er auch Tage, ganze Nächte hindurch in seinem Atelier an der Arbeit. Man sagt, Chagall habe in seinen ersten Pariser Jahren auch wieder nichts anderes als immer Rußland, Witebsk, gemalt. Die Titel der Bilder heißen etwa: A la Russie, aux ânes et aux autres; Der heilige Droschkenkutscher; Ich und das Dorf; Der Soldat trinkt; Der Viehhändler; Golgotha . . .

Man bewunderte den Ideenreichtum, die Andersartigkeit, die sublime, freie Phantasie, die blühenden Farben dieses Russenmalers. Dennoch liegt der Hauptvorgang des ersten, vierjährigen Pariser Aufenthaltes in der zielbewußt gesuchten und konsequent geführten Auseinandersetzung mit der Ausdrucksweise des Westens und nicht in der Abkapselung in Rückerinnerungen. Nirgends kommen die Früchte dieser Auseinandersetzung besser zum Ausdruck als in diesem Bild.

Weit ist das Fenster auf die Stadt geöffnet, in der Chagall Licht, vibrierendes Leben, tausend Wunder der Farbe fand. Die Häuser von Paris ziehen sich als bewegte Kette quer durchs Blickfeld, und der Eiffelturm tritt erstmals als strahlendes Bausignet für Paris auf, wie die Kuppelkirchen für Witebsk. Aber das eigentliche Thema, das Chagalls Schaffen lebenslang erfüllt, bildet das Thema des «Fensterbildes»: der Austausch von Innen und Außen, der Farben im weiten freien Himmel und in der Gegenstandsgebundenheit. Ein Doppelgesicht braucht der Mensch, wie der Dichter Cendrars, der Gedichte rezitierend zugleich die Sicht durchs Atelierfenster nach außen wie durch Chagalls Augenfenster nach innen auf die Bilder der Seele wahrnimmt.

«Paris par ma fenêtre» ist das Hauptwerk des dritten Pariser Jahres. Vor einer solchen Schöpfung konnte Apollinaire – von Chagall bewundert, als damaliger Hauptverfechter der Kubisten gleichzeitig gefürchtet – als Ausdruck höchster Anerkennung murmeln: «Surnaturel.» Vor einem solchen Werk konnte Chagalls Petersburger Lehrer Bakst beim Atelierbesuch zu seinem Schüler sagen: «Jetzt singen deine Farben.»

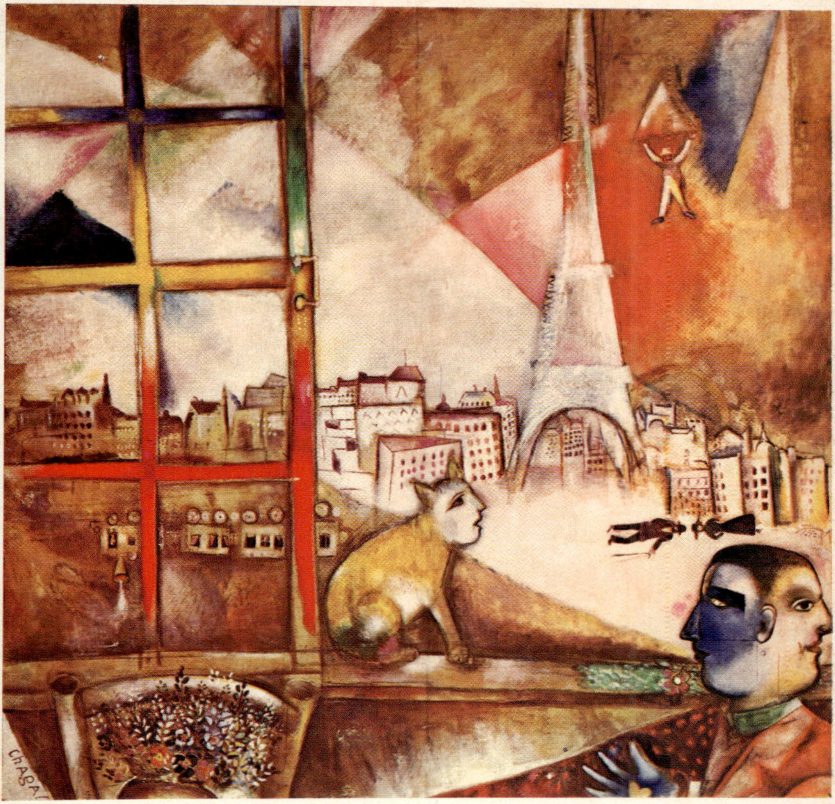

Der Jude in Grün

Abb. 5

1914
Öl auf Karton
100 × 80 cm
bez. u. l. Chagall 1914
Privatbesitz

1914 fährt Chagall nach Berlin zur Eröffnung seiner ersten größeren Ausstellung in der «Sturm»-Galerie bei Herwarth Walden. Anschließend nach vier Jahren zum ersten Besuch in die Heimat – er wollte bei der Heirat seiner Schwester Lisa dabei sein, er wollte vor allem Bella wiedersehen. Aus dem für drei Monate geplanten Besuch wurde ein achtjähriger Aufenthalt – der Ausbruch des Weltkrieges schloß die Grenzen.

Witebsk bedeutete nach der in Paris gefundenen geistigen und künstlerischen Freiheit nun Enge: «Witebsk ist eine Welt für sich; eine einzigartige Stadt.» Die Leute: «höckerige heringhafte Bürger, grüne Juden, Tanten und Onkel mit ihren Fragereien . . .» Und doch, unerschöpflich ist diese Welt in ihrer Poesie, ihrer Altertümlichkeit, ihrem Reichtum an vertrauten Bildern. In den Jahren 1914–1915 hat Chagall eine Reihe von «Dokumenten» gemalt; so nannte er sie, und sie sollten eine Welt festhalten, die zu schwanken begann. Es waren Bilder der Eltern, der Geschwister, der Mitmenschen, der Landschaft und des Milieus von Witebsk. In den Komplex dieser «Dokumente» gehört auch die Gruppe der Alten Juden. Sie werden irrtümlicherweise oft auch Rabbiner genannt, weil sie in Gebetskleidung oder vor Bibeltexten dargestellt sind. Es zählt aber auch der Zeitungsverkäufer in der Witebsker Straße dazu. Meist waren die Modelle Bettler, umherziehende Wanderprediger, die Chagall in seinen Arbeitsraum (wieder in einem der kleinen hölzernen Hinterhäuser!) nahm, ihnen ein bißchen Geld gab, sie ausruhen ließ. Ihre Gesichter, ihre Menschlichkeit, ihr geduldiges Überleben in Armut, Misere und Heimatlosigkeit beeindruckten ihn – die Weisheit und Sanftmut des Duldens. Manchmal legte ihnen Chagall den Gebetsschal des Vaters um; oder der Stuhl, auf dem der müde, stumme Alte sich ausruht, verschwindet, und die Figur hebt sich jetzt wie schwebend vor dem einzigen sicheren Grund ab, der ewig zugesichert bleibt: der Schrift, die in hebräischen Buchstaben die Verheißung Gottes an Abraham kündet.

So sitzt der «Jude in Grün» vor uns, vor hell und dunkel in die Fläche geschichtetem Grund, ärmlich zerknittert im Gewand, Haupt und Hände von starken Farben wie von innerem Licht geprägt. Der «Jude in Hellrot», der «Jude in Rot», der «Jude in Schwarzweiß» – Farbklimen bestimmen die Bilder. Farbe trägt den Ausdruck der Seele in die Form. «Ich hatte den Eindruck, der Alte wäre grün, vielleicht fiel ein Schatten von meinem Herzen auf ihn.»

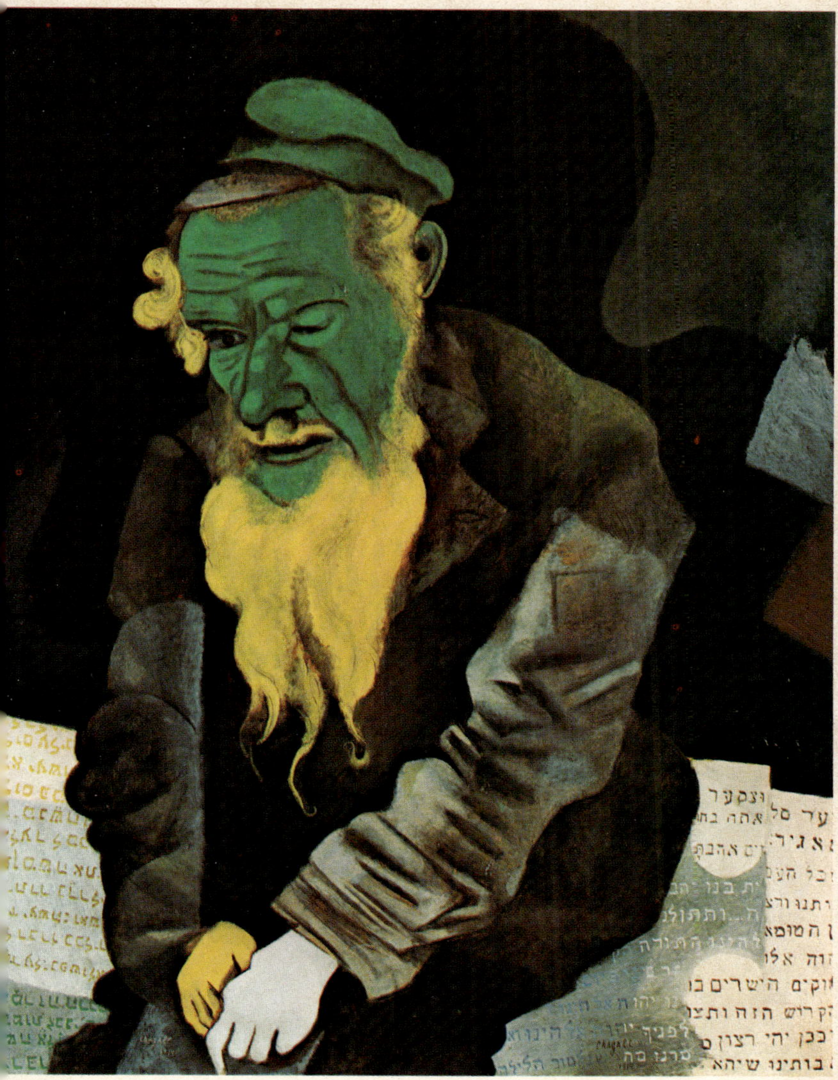

Das Liebespaar in Blau

Abb.

1914
Öl auf Karton
48,5 × 44,5 cm
Privatbesitz

Das wichtigste Ereignis nach der Rückkehr aus Paris ist das Wiedersehen mit Bella. Vier Jahre Briefe, dazu die Erinnerung, die zur gegenwärtigen Wirklichkeit wurde, wie Bella Blumen bringt, wie Bella die andere Hälfte von Chagall ist, wie Bella die Anmut und Weite des Geistes, den Reichtum der Phantasie, die Schönheit der Erscheinung verkörpert. Und jetzt das Wiederfinden. Eine Reihe von Liebespaaren entsteht: das Liebespaar in Blau, in Grün, in Grau, in Rosa – wieder schafft die Farbe das Klima der Seele ans Licht. Hier das unwahrscheinliche Blau, in Nuancen über Grün und Rosa in die traumdunkle Tiefe des königlichen Ultramarin gesteigert. Die Kraft der traumdunklen, ruhigen Blau-Seen leuchtet um so wunderbarer neben leicht getupften, durch feine Strich- oder Quadratmüsterchen belebten Zonen und neben dem magischen Weiß, das wir aus Bellas Brautbild mit den schwarzen Handschuhen kennen. Im Kuß vereinigen sich die beiden Gesichter; ein Doppelwesen schwebt im Farbraum, der auf alle rationale Definition, auf Perspektiven und Schichten verzichten kann.

Auf Attribute verzichtet der Bildermacher nicht. Sich selber legt er eine Laubkrone ins Lockenhaar, Bellas zierliche Hand trägt den Handschuh. Geschlossenes Auge im Licht, weitoffene Augenseen im blauen Schatten. Ein Stück Pose ist auch hier im Bildnis selbstvergessenen Liebens. Aber kann man Bilder anders als in Posen fassen? Die Form fixiert, aber die Farbe befreit. Im Zusammenspiel der Gegensätze vibriert die freie, innere Bewegung.

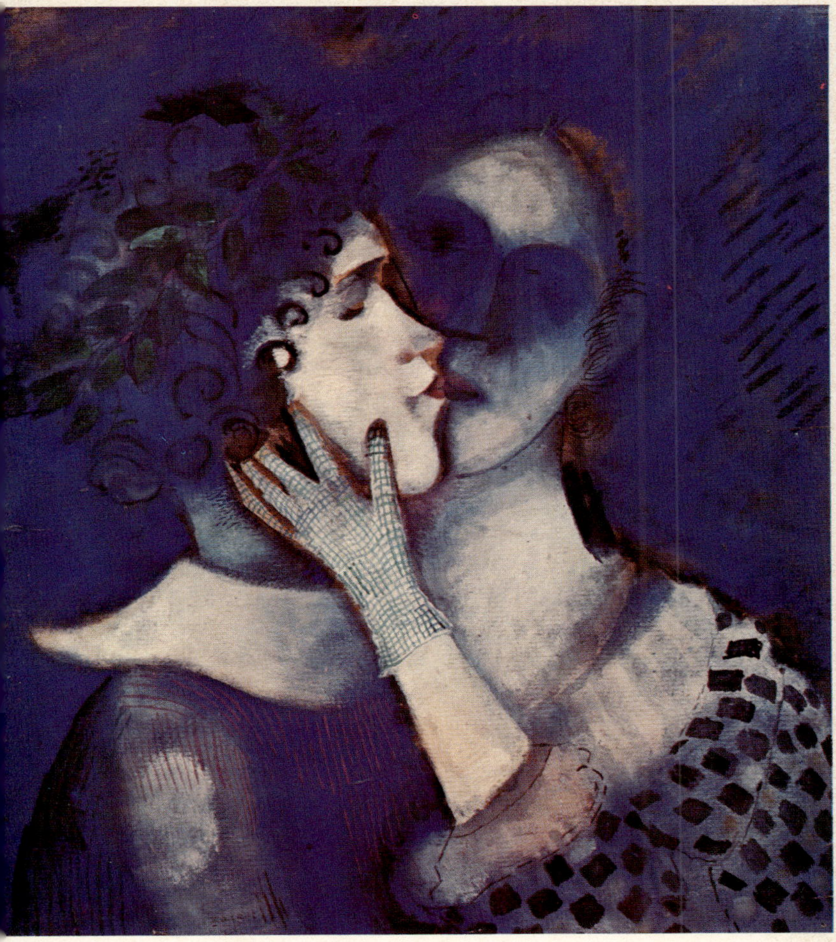

Der Spaziergang

Abb.

Öl auf Leinwand
170 × 163,5 cm
bez. u. r. Chagall (russisch) 1917
Staatliches Russisches Museum Leningrad

Am 25. Juli 1915 heirateten Marc und Bella nach strengem jüdischem Ritual. Die Widerstände gegen Standes-, Vermögens- und Milieuunterschiede waren überwunden. Ein ungeheures Glücks- und Hochgefühl spricht aus den Doppelbildern der nächsten Jahre. Die Natur ist die gloriose Folie, das bergende Gehäuse für die Menschen. Im «Spaziergang» verbinden sich Mann und Frau zu einem weit offenen Ornament, das der heimatlichen Welt eingeschrieben ist. Die Häuser von Witebsk, die Ilytschkirche, der schwankende Palisadenzaun, das rote Picknicktuch, das zierliche Geäst, der weite weiße Himmel – alles gerät in Bewegung. Auf dem grünen Boden schwebt der Mann mehr als er steht, die Frau schwingt sich an seiner Hand im Wirbelflug in die Luft. Wozu dient nun die kristallische Formenrhythmisierung der Kubisten? Um alles in Bewegung zu setzen – aber in eine leichte, schwingende, nicht in die scharfe Dynamik der Futuristen. Das Ornament der Figuren zeigt das Bewegungsmotiv handgreiflich, die grünen Rhythmen im Boden und die Strahlenbrechungen in den Weißflächen des Himmels motivieren die Theatralik der Geste erst.

Zwischen dem Hochzeitsjahr, dem Entstehungsjahr des «Geburtstags», wo das Paar genienleicht durch den von festlichen Gaben erfüllten Atelierraum schwebt, und der triumphalen «Promenade» liegen zwei Jahre. Sie brachten Chagall Erschütterung und Befreiung in vielfachem Sinn. Chagall muß seine Dienstpflicht als Kanzlist in einem Büro für Kriegswirtschaft in Petersburg absolvieren, die Stadt ist voll Anregungen und geistiger Bewegung. Die Oktoberrevolution bedeutet für Chagall nicht nur Umsturz und unter Opfern erkämpfte neue Festigung, sondern vor allem eine zweifache Befreiung: erstmals sind Juden vollgültige Bürger des Landes, das Getto, die vielen unwürdigen Verunsicherungen fallen weg; dann dürfen sich die jungen Künstler eins fühlen mit den Zielen der Revolution. Man erkennt ihre avantgardistische Kunst an. Chagall ist nun nicht mehr der begabte Sonderling, der unbrauchbare Unpraktische, dem man nur mit Bedenken die geliebte Tochter anvertraut. Er wird jetzt zum Mann der Zeit. – In Petersburg sprach man davon, den Maler zum Kulturminister zu machen. Bella hält zurück; aber Kulturkommissar für Witebsk wird Chagall, im Jahr der Vollendung des «Spaziergangs» installiert man ihn offiziell; in Witebsk funktioniert er als allmächtiger Organisator die Feier des ersten Jahrestages der Revolution zu einer die ganze Stadt erfassenden künstlerischen Manifestation um.

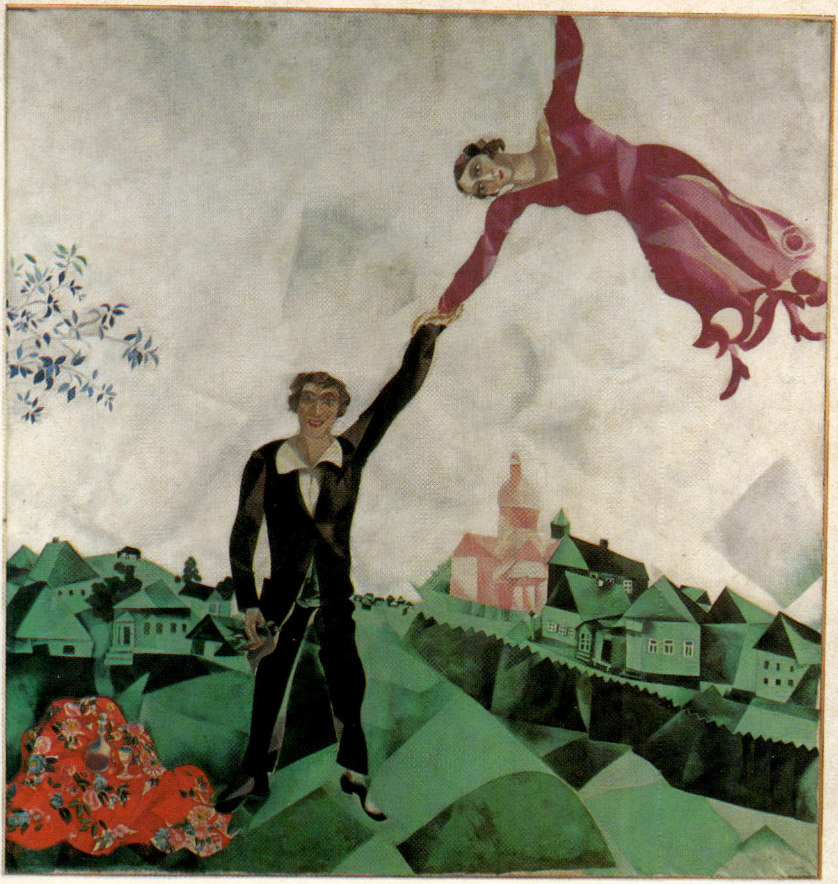

Das Friedhofstor

Abb. 8

1917
Öl auf Leinwand
87 × 68,5 cm
bez. u. r. Chagall 1917
Privatbesitz

Der Eingang zum jüdischen Friedhof. Vom aus Backsteinen aufgemauerten Portal löst sich der Verputz, aber die hebräischen Schriftzeichen und Tafeln sind erhalten. Das offenstehende Gatter gibt die Sicht frei auf Gräberfelder. Was für ein «Fensterbild»! Der Blick auf die Stätte der Toten durch ein von Verfall gezeichnetes Tor, der Boden außen übersät mit Holzfragmenten, innen besetzt mit schiefen und geduckten Grabsteinen. Das Blau, das Grün, die gelben Lichter und das stumpfe, rotgefleckte Grau sind wahr: so kann ein draußen vor den Siedlungen liegender russischer Friedhof noch heute wirken – eingebettet in Baumschatten, durchtränkt vom sanften Blau eines Sommertages. In diesem Sinn gehört auch das «Friedhofstor» zu den von Chagall als Dokumente bezeichneten Witebsker Bildern. Der Maler verbrachte nach einem Sommeraufenthalt auf dem Land mit Bella und der 1916 geborenen Tochter Ida zwei Monate in Witebsk.

In diesem Bild konnte er etwas von jener futuristischen Spielart des Kubismus in sich aufnehmen, die die avantgardistischen Russenkünstler besonders seit Marinettis Rußlandtournee Anfang 1914 bewegte. Chagall wendet hier die kubistische Rhythmisierung besonders konsequent an. Er «wendet sie an». Nicht die Auffindung einer Formgesetzlichkeit, die den Gegenstand in kristallinische Brechungen teilt, ist das Hauptanliegen. Die Gegenstände, Tor, Zaun, Baum und Grabsteine, behalten ihre «natürliche» Form. In Himmel und Boden aber teilen und schließen sich eckig-geometrische Formen, in ihrer Bewegung bleiben sie wiederum dem Strom einer jenseits des Formalen liegenden Aussage unterworfen. Der Boden birst, die Gräber öffnen sich, das Blau des Himmels erklingt in gewaltig aufsteigenden Rhythmen. Dem dunklen Flecken vor dem Tor, der wie ein schwarzer Teppich zur Schwelle führt, antwortet im Himmel ein leuchtend weißes Feld. Es ist ein Auferstehungsbild ohnegleichen – die Schriftzeichen am Tor, wie sie die Kubisten etwa dekorativ-gegenständlich in ihre Kompositionen einbauten, sind hier traditionelle Träger einer literarisch übermittelten Botschaft. Sie verkünden in Buchstaben die Auferstehungsgewißheit, die sich im gewaltig-feierlichen Lebensklang von Grün und Blau äußert.

Man erinnert sich der etwas gönnerhaften Äußerung, mit der sich Chagall von den Pariser Kubisten distanziert und betont, daß er etwas ganz anderes, viel Reicheres und Intensiveres suche: «. . . sie störten mich nicht. Ich sah ihnen von abseits zu und dachte: sollen sie doch ihren Hunger mit ihren viereckigen Birnen von ihren dreieckigen Tischen stillen . . .» Kubismus und später Suprematismus waren Chagall zu «realistisch». Er suchte die psychische Form, in der Vision und Gegenstand verschmelzen.

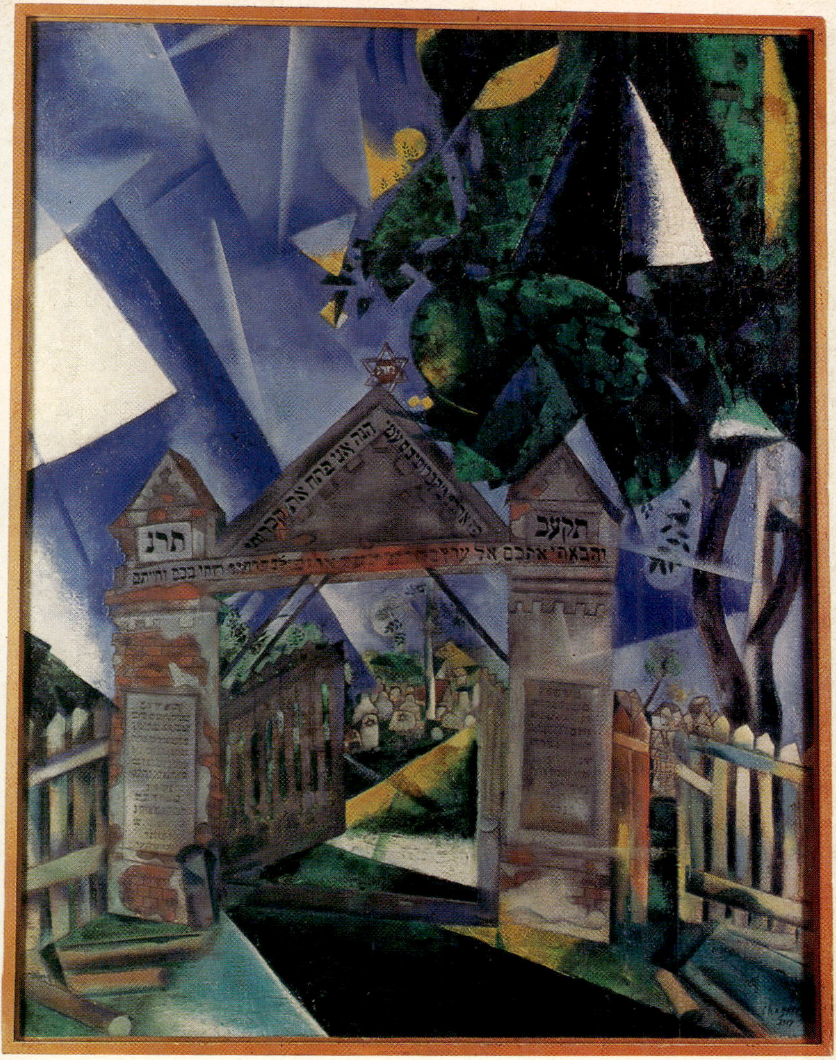
תרנ
תקעב

Das Fenster

Abb. 9

1924
Öl auf Leinwand
98 × 72 cm
bez. u. r. Marc Chagall
Privatbesitz

Nach dem «Friedhofstor» von 1917 blendet die Helle dieses in der Bretagne entstandenen Ausblicks auf das Meer. Waren die Farben in den russischen Kriegs- und Revolutionsjahren wieder zugedunkelt? «Das Wunder von Paris», sagte jemand, «hat sich für Chagall 1923 ein zweites Mal wiederholt.» Vor allem die Befreiung aus einer Situation, die immer dunkler, immer steriler wurde.

Das Experiment als staatlicher Kunstkommissar in Witebsk ging nicht glücklich aus. Chagall organisierte – immer im Glauben, der Kunst käme eine tragende Rolle in der Entwicklung eines neues Lebensgefühls zu – mit Feuereifer eine Akademie. Er zog bedeutende Lehrer zu, moderne, kühne Künstler. Malewitsch kam, Lissitzky kam. Aber Malewitsch hatte schon 1913 die Inkunabel des Suprematismus, der künftigen abstrakten Geometrie, geschaffen: das schwarze Quadrat auf weißem Grund. Vom Realismus dieses von jeglicher literarischen und bildlichen Poesie gereinigten Zeichens gab es keine Brücke zu Chagall. Das Rußland der sich verfestigenden Parteidoktrinen strebte ganz andern Zielen zu, als sie Chagall in seiner Kunst suchte. 1922 gelang die Ausreise. Nach einem Jahr in Deutschland kam Chagall am 1. September 1923 in Paris an.

Ein Neuanfang fast wie der erste: ohne Geld, ohne Bilder, ohne Zugehörigkeit zu einem festen Kunstkreis. Aber die Beglückung durch eine neue, wiedergewonnene Freiheit trug über alles hinweg. Die «Liebenden unter dem Lilienstrauß» (Umschlag) künden von diesem Glück. Lilien und Rosen vereinigen sich in Duft und Farbe wie eine Wolke vor dem perlmutternen Himmel. Nur ganz leicht zeichnen sich der russische Lattenzaun, die Häuser und ein geflügelter Genius im Bildraum ab.

Dieselbe Helligkeit, durch Spiegelungen noch schärfer akzentuiert, erfüllt auch das Fensterbild. Die Sicherheit, mit der Chagall das «Bild im Bild», die Fensteröffnung durch die Flügel mit dem Bildrand verspannt, mag ihm durch die Auseinandersetzung mit den Konstruktionen der Geometriker zugekommen sein. Sein Eigenes ist die unerhörte Durchlichtung, die Fähigkeit, das nächst Greifbare in Schimmer zu lösen – das Weiß des nordfranzösischen Meerspiegels und Himmels aber in dichte Malsubstanz zu verfestigen. Seine Erfindung ist die Zutat dieser schwebenden blauen Wolke, die dem Landschaftsausschnitt seine Erdschwere nimmt. Es gibt eine zweite Fassung mit der achtjährigen Ida auf dem Fensterbrett. Dort ist die Verwandlung noch weiter getrieben. Aber in diesem reinen Fensterbild äußert sich die Auseinandersetzung mit der französischen Landschaft, die wunderbare Freiheit im Verschmelzen von Raumkategorien noch reiner.

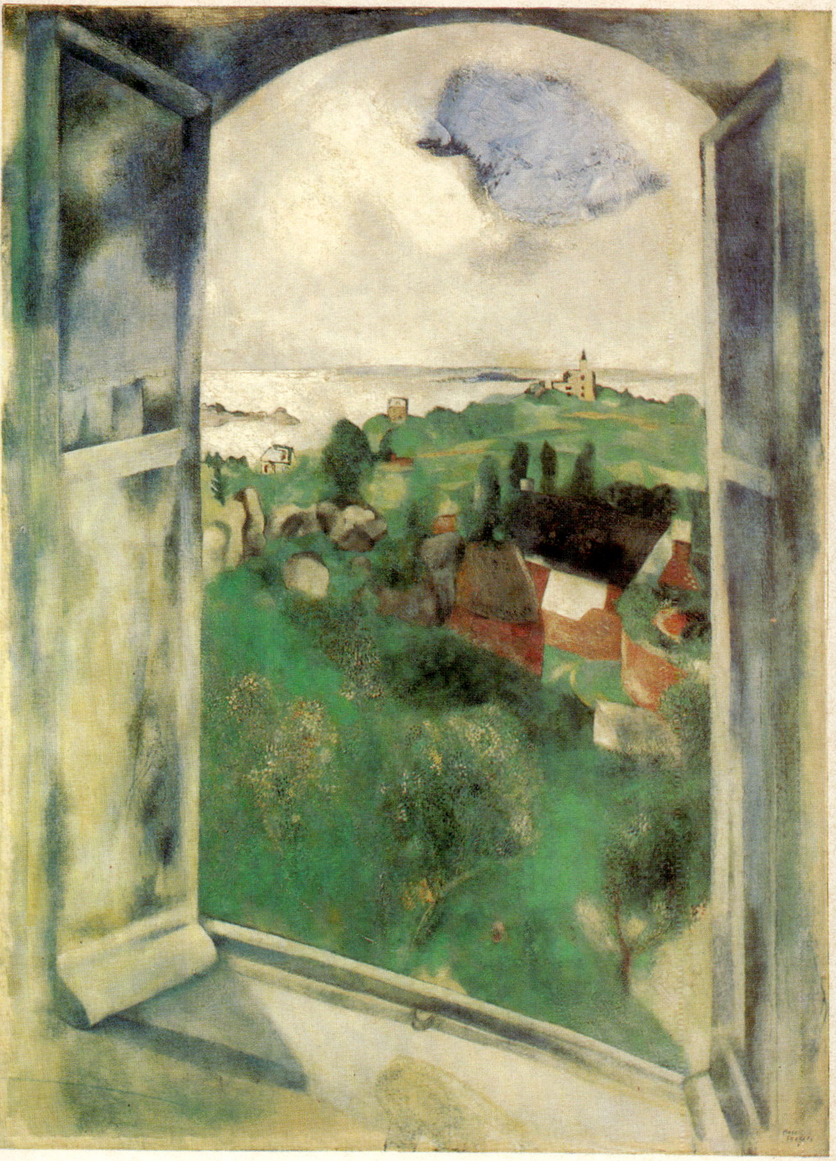

Das Brautpaar mit dem Eiffelturm

Abb. 1(

1938–1939
Öl auf Leinwand
148 × 145 cm
bez. u. r. Marc Chagall 938–939
Privatbesitz

Als Chagall 1923 nach Paris kam, verfügte er kaum mehr über Werke der früheren Zeit. Walden hatte aus seiner Galerie in Berlin fast alles verkauft – ganz legal übrigens. Hauptwerke der Revolutionszeit waren in Rußland geblieben. Aus der Erinnerung, mit Hilfe von Photos und Abbildungen entstanden viele frühere Werke als Neufassungen oder Duplikate: vertraute Interieurs aus Witebsk, Rabbiner, Häuser, Höfe, Tiere und Fabelgestalten. Sie werden durch erneutes Gestalten neu verfügbar. Diese Neuinventarisierung alten Bildbesitztums ging neben der Auseinandersetzung mit der französischen Landschaft vor sich, neben den Illustrationsarbeiten zum Zirkus-Thema, zu La Fontaine, neben der Entwicklung der duftigen, weichen Farbmodellierung, wie sie die Fensterbilder, Kunstreiterinnen, Liebespaare, Blumen und Stilleben bis etwa 1938 aufweisen. Diese glückliche Periode mit immer wieder andern Aufgaben, Arbeitsplätzen und vielen Reisen war aber auch die Zeit der sich vertiefenden Schatten. Chagall und Bella erlebten auf einer Polenreise schaudernd, wie Rassenideologien und politisches Machtdenken sich in eine ersehnte Welt des Friedens und der Harmonie einfraßen. Wie während der Kriegs- und Revolutionszeit in Rußland reagierte Chagall durch eine Straffung der Form, ein strengeres – wenn man will: kälteres Bildgefüge. In vier Hauptwerken des Jahres 1939 wird das spürbar: im «Cellist», wo das scharf geschwungene Instrument sich als Riesenleib zwischen kalten Schnee und eisblauen Himmel stellt, in «Die Zeit ist ein Fluß ohne Ufer», wo die alte Pendeluhr und ein fliegender Fisch durch blauen Landschaftsraum sausen, im «Sommernachtstraum», wo sich Farbfelder und Hell und Dunkel wie feindliche Felder zusammenfügen müssen.

Im «Brautpaar mit dem Eiffelturm» schieben sich verschiedene Formcharaktere übereinander. Das schwebende Paar auf dem weißen Hahn steigt in würdevollem Schweben schräg durchs Bildfeld. Der Lebensbaum wird zu einer kompakten Masse, einer weich-zähen Mauer aus vielen grünen Zellen. In den irisierenden Himmel schneidet der Eiffelturm bedrohlich dunkel ein scharfes Signet, und der Kreis des Gestirns hebt sich wie eine Warnscheibe ab. Hilflos klein umkreisen geliebte Lebensmetaphern aus alten Zeiten die Hauptfiguren: Witebsk, eine jüdische Hochzeitszeremonie, der kindliche Leuchterträger, Onkel Neuch mit Cello und Kuh, das sich in die Höhe schwingende Genienmädchen. Ein nicht durchaus gefälliges Bild mit seinen aggressiven Farbzentren und harten Kontrasten. Darin entspricht es sehr genau dem Klima seiner Entstehungszeit. In der Zusammenordnung der Elemente ist es eine kühne, willensstarke Komposition, die mit schon oft vorgeformten Motiven hart und kräftig umspringt.

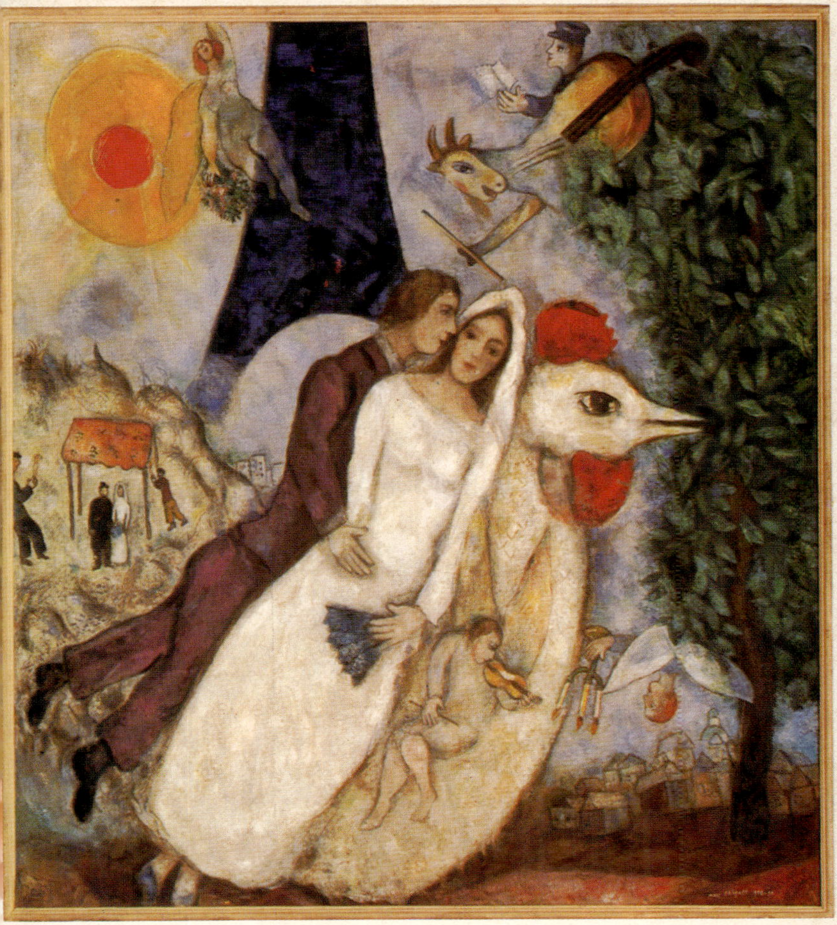

Der Krieg

Abb. 1

1943
Öl auf Leinwand
105 × 75 cm
bez. u. Mitte Marc Chagall 1943
Musée National d'Art Moderne, Paris

Bei Kriegsausbruch 1939 lebte Chagall mit seiner Frau auf dem Land, in St-Dyé-sur-Loire. Dorthin brachte er alle seine Werke aus dem Pariser Atelier in Sicherheit, um dann doch noch weiter nach Süden zu flüchten. In Gordes in der Provence fand er ein Haus und kaufte es am Tag des deutschen Einmarsches in Holland und Belgien, am 10. Mai 1940. Nach der Niederlage Frankreichs war für einen russischen Juden Europa sehr unsicher – aber Chagall wollte nicht mehr emigrieren. Die Einladung des Museums of Modern Art nach den Vereinigten Staaten ließ er vorerst auf sich beruhen. Die Annahme der Judengesetze in Frankreich öffnete schließlich auch ihm die Augen, vom April 1941 an bereitete er sich in Marseille auf die Überfahrt vor. Bei einer Razzia wurde er während seiner Wartezeit im Hotel verhaftet, auf Intervention wieder freigelassen. Von Lissabon aus sollte die Überfahrt erfolgen – zeitweise waren die unzähligen Kisten und Koffer mit dem gesamten Werk irgendwo in Spanien verschollen. Am Tag des deutschen Angriffs auf Rußland, am 23. Juni, kamen Chagall und Bella in New York an.

Das Kriegsbild von 1943 beruht auf Skizzen und Vorgängerbildern, die schon in St-Dyé und Gordes entstanden. Brennende Synagogen, stürmende Soldaten, in Entsetzen aufschreckende Beter, ihre Kinder bergende Frauen, der ewig flüchtende Alte mit dem Sack über der Schulter – das sind Motive, die vereinzelt schon früh auftauchten, sich in der «Weißen Kreuzigung» von 1938 und im «Märtyrer» von 1940 sammeln. Der «Krieg» zeigt zudem eine wilde Dynamik in Bewegung und Farbflammen. Man darf nicht vergessen, daß Chagall selber Pogrome, Krieg, Revolution, Zwang, Flucht, Verlust des Lebenskreises an sich erlebt hat. Darum zittert in diesen Kriegsbildern auch eigene Angst und persönliches Betroffensein mit. Darum müssen es die alten Metaphern aus der russischen und jüdischen Jugendwelt sein, die hier zur Aussage herangezogen werden. Die Häuser von Chagalls Witebsk wanken, russische Kirchen und Synagogen brennen, die Tiere von Liosno leiden in wildem Aufruhr. Dieses Bild erinnert in manchem an den «Toten» von 1908: auch hier schiebt der Leerraum der Straße sich von unten wie ein Keil ins Zentrum. Auch hier liegt ein Toter auf der Erde, aber nicht feierlich aufgebahrt, sondern als Opfer auf den eisigen, blutgetränkten Boden hingeworfen. Es sind die Farben, der gelbdurchlohte Himmel, das Blutrot und das Schwarz und das bis zu gläserner Transparenz durchmodellierte Grün, die das Drama des Krieges veranschaulichen.

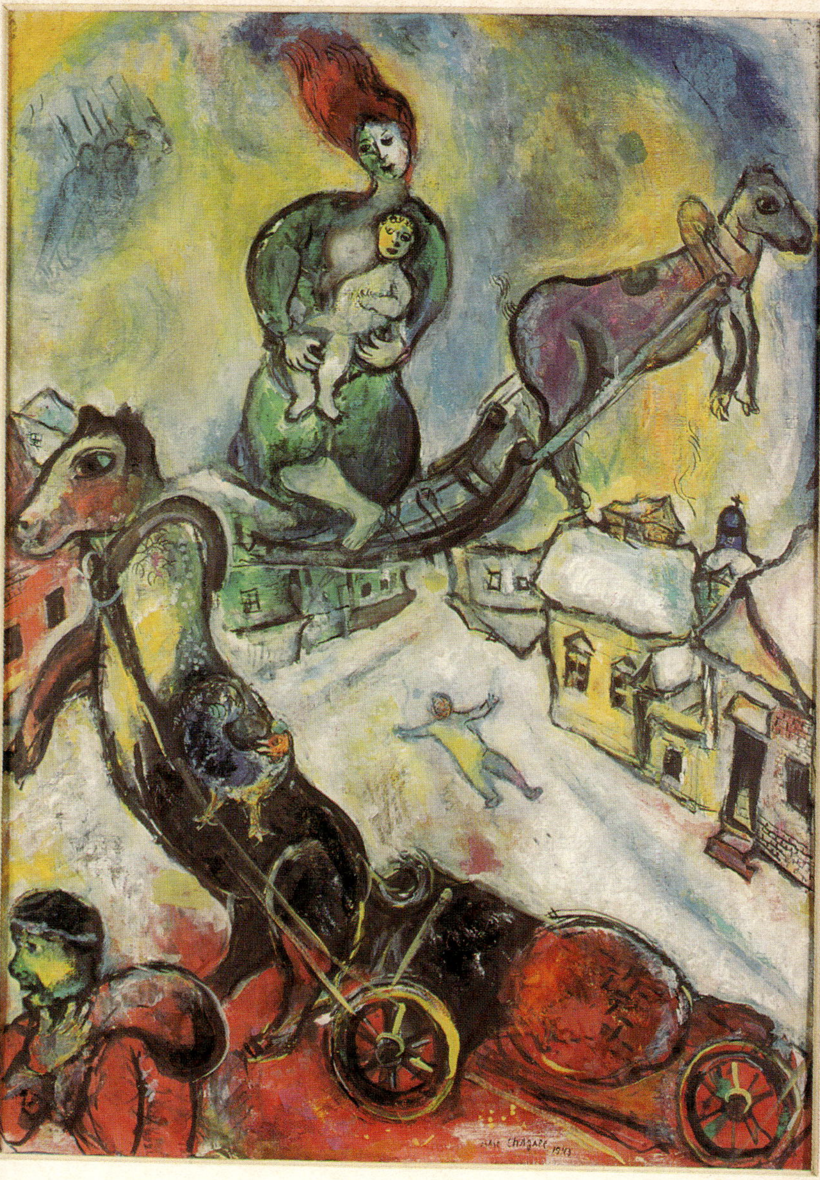

Beim Hahnenschrei

Abb. 12

1944
Öl auf Leinwand
99 × 71,5 cm
bez. u. r. Marc Chagall
Privatbesitz

Mit dem Titel stellt sich eine ganze Assoziationskette ein. Mit dem Klang dieses zwischen Scharlach und Zinnober schwingenden Rots wird im Betrachter eine tiefe Resonanz erweckt. Die Wirkung strahlt vom Bild um so ungehemmter aus, als weder Bildmotive noch Titel sich illustrativ auf realistische Objekte und Situationen beziehen – sie sind Anstöße, Markierungen einer «psychischen» Situation.

Als erstes nimmt man den großen Farbklang wahr, der aus vollem Rot anschwillt und auch die obere Sphäre der dunkel violett-braunen Zone durchdringt. Man muß sich die virtuose Erzeugung einer lebendigen, wie eine plastische Substanz tragenden Farbzone ansehen: Untermalung, Verdichtung, Erhellung, Überschichten kühler mit warmen Tönungen; man muß sich die Kühnheit im Streuen starker Farbakzente überlegen, die wie die Punkte eines Sternbilds ein funkelndes Zeichen aus Grün/Gelb/Weiß/Blau/Violett ins Nachtdunkel und Rot setzen. «Man muß schuften wie ein Schuster», sagt Chagall. Er war 57 Jahre alt, als er den «Hahnenschrei» aus dem Klang dieses Rots aufbauen konnte und für die kühn verteilten Akzente die richtigen Formen fand; Mondsichelspitzen für das durchdringende Gelb, kugelige Eiform für das Weiß, die Form einer Birkenkrone für Grün, offene und geschlossene Form für Blau . . .

Vor diesem Bild sollten die Chagall zeitlebens irritierenden Fragen von selbst verstummen: Was bedeutet dies und jenes, warum fliegt diese Kuh im Himmel, was meinen Sie mit dem Motiv der Geige, warum stellen Sie Häuser und Bäume auf den Kopf? Chagalls stereotype Antwort lautete immer: Weil ich eine solche Form, eine solche Farbe, eine solche Bewegung an dieser präzisen Stelle meiner Bildschöpfung brauche. Im «Hahnenschrei» kann man sich überlegen, was etwa das Aufrichten der Birke bewirken würde. Sie würde als Zeichen eines im Boden wurzelnden Gewächses das schwerelose Kreisen von Hahnentier und der mit einem menschlichen Doppelgesicht versehenen Kuh stören. Sie wäre ein naturalistisches «Ding» anstelle einer Evokation von flüsterndem, geheimnisvollem Naturgeräusch. Oder man kann rational den wildgefiederten Hahn mit leuchtendem Ei und Geiger im Schwanz «erklären» (Metapher der Wachheit, der Befruchtung, der hellen Aktivität). Sicher – aber die durch Farben und Formen erwirkte Mitteilung über ein ausgewogenes, freies Schwingen im Raum, über ein Umfassen von Gegensätzen in harmonischer Einheit ist das Erste. Man muß Chagalls Bilder fühlen, bevor man sie liest – sie rühren an Erfahrungsbereiche jenseits des Intellekts.

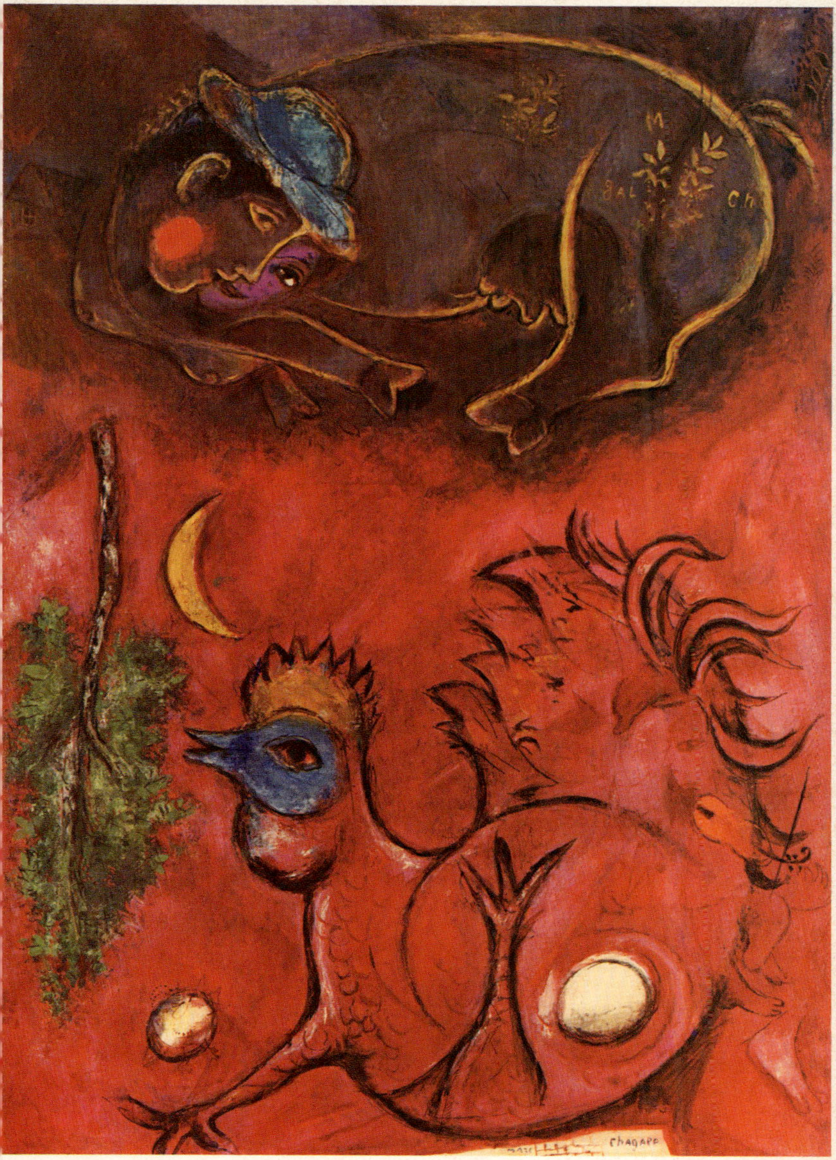

Selbstbildnis mit der Wanduhr

Abb. 1

1946
Öl auf Leinwand
86 × 70,5 cm
bez. u. l. Marc Chagall 1946
Privatbesitz

Im September 1944 erlitt Chagall den härtesten Schlag seines Lebens: Bella starb nach kurzer Krankheit in den letzten Tagen eines Sommeraufenthaltes in den Adirondacks-Bergen an einer tückischen Virus-Infektion. «Ein starker Donner und ein kurzer Regenguß sind ausgebrochen um 6 Uhr abends, als Bella diese Welt verließ . . . Mir wurde es finster in den Augen . . .», schrieb Chagall im Vorwort zu Bellas Buch «Erste Begegnung». Er konnte nur ein kosmisches Katastrophenbild und das farbenauslöschende Wort «finster» finden für die gewaltige Erschütterung. Nach neun Monaten erst vermochte Chagall die eigene künstlerische Arbeit wieder aufzunehmen.

Eine Reihe großer, von nachtdunklem Klang erfüllter Bilder folgte. Das wichtigste von 1946, dem Jahr der großen Retrospektive im Museum of Modern Art in New York und der Wiederaufnahme der Beziehungen zu Paris, ist das «Selbstbildnis mit der Wanduhr». Der Maler steht – wie so oft – zwischen Fenster und Staffelei. Das Fenster ist blind im Glanz des Lichtes, durch die geschlossenen Flügel saust ein heller, geisterhafter Luftstrom, und in diesem Strom schwimmt wie ein rudernder Vogel die alte Wanduhr aus Witebsk über den Maler auf das Staffeleibild zu. Luft – Wasser – Licht – Farbe: strömende Elemente, Zeitfluß, der auch uns mitträgt, dessen Gefälle wir jederzeit wieder anders empfinden, träge, reißend oder in schwebendem Stillstand. «Die Zeit ist ein Fluß ohne Ufer» von 1939 hatte die fliegende, schwimmende Uhr, Zeichen der strömenden Zeit, als Hauptmotiv verselbständigt. Hier setzt sie nur den krönenden Akzent über die komplexen Vorgänge zwischen Fenster-Maler-Bild. In sich versunken lauscht der Maler seinen Gesichten, die Palette abwartend in der Rechten. Vor die in Blau und Grün getauchte Gestalt schiebt sich der rote Esel, seine animalische Kraft als Stütze bietend – sie wachsen zu einer Figur zusammen: Farbkontrast und Doppelnatur vereinigen sich. Dem Strom der Zeit und der sanften Beugung der Doppelfigur stellt sich das Bild auf der Staffelei entgegen. Ohne Rücksicht auf die Logik der Perspektive steht sein Hauptmotiv, der Gekreuzigte, wie eine Pfeilerfigur in strenger Vertikale da, gestützt von der weißen Braut, die ihn tröstend umfängt. Das Grün seines toten Leibes antwortet dem Grün des Lebensbaumes im Rücken des Malers – es ist wärmer und erdiger als die kühle Blau/Grün-Kombination im Gesicht des Menschen. Der Gekreuzigte, in frühen Golgatha-Bildern um 1912 schon als Motiv auftauchend, seit 1938 immer wieder zur zentralen Bildaussage erhoben, steht als Sinnbild der unendlichen, duldenden Ruhe, in der Verfolgung und Verheißung, Vernichtung und Erlösung ihren Sammelort finden. Sein Lendentuch ist aus dem Gebetsschal der Juden gemacht.

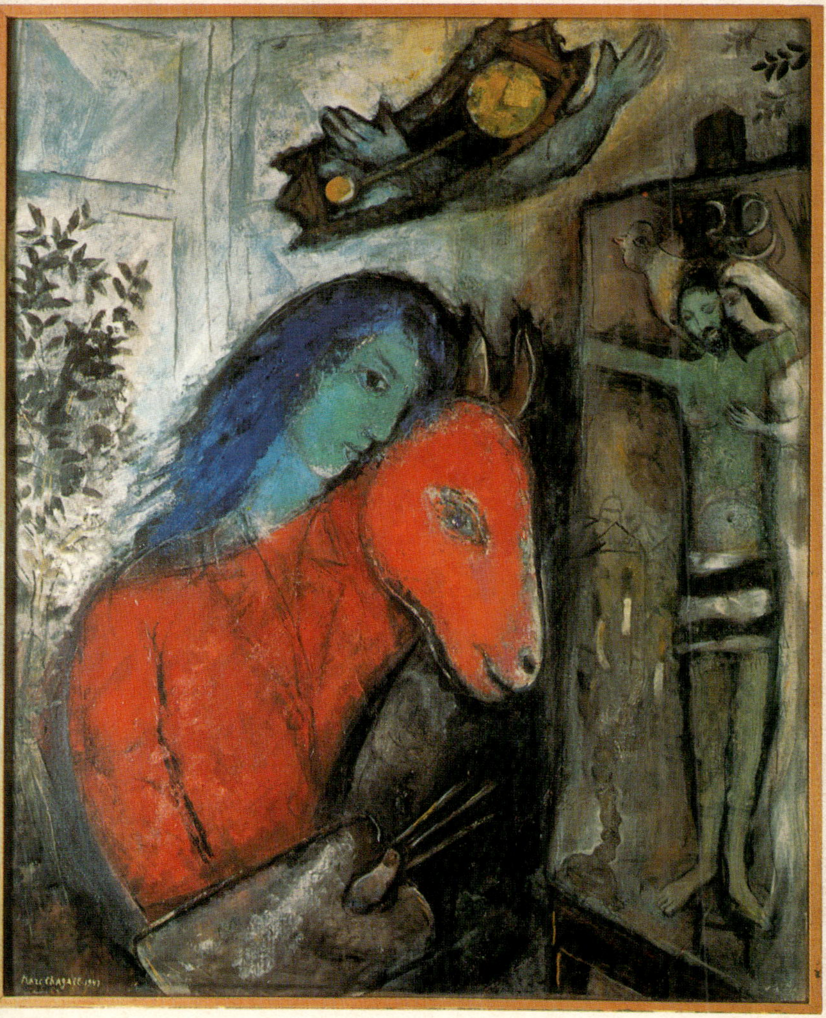

Das weiße Fenster

Abb.

Öl auf Leinwand
150 × 119,5 cm
bez. u. r. Marc Chagall 1955
Kunstmuseum Basel

1948 kehrte Chagall definitiv nach Frankreich zurück. Zuerst wohnte er in Orgeval bei St-Germain-en-Laye in einem altmodischen, romantisch-verfallenen Landhaus. Sehr bald aber zog es den Maler, zuerst zu Arbeitsaufenthalten, dann definitiv in den Midi. 1960 ließ er sich in Vence nieder. Eine Fülle von Arbeiten entstand in jenen Jahren: Mit Tériade setzte die Reihe der von Vollard angeregten oder in Auftrag gegebenen Graphikfolgen und Illustrationen ein: Die Toten Seelen, die La-Fontaine-Fabeln, die Bibel . . . Das Projekt zu Daphnis und Chloë führte zur ersten Griechenlandreise. In Vence begann sich Chagall zuerst mit Keramik, später mit Bildhauerei zu beschäftigen.

Es ist, wie wenn im «Weißen Fenster» sich der ganze Reichtum an schöpferischer Arbeit vereinigte. Sehr locker gemalt, Pinselzeichnung mit lasierendem und pastosem Farbauftrag vereinigend, sprüht das Bild von Licht und Farben. Das große alte Thema, das Fenster, beherrscht wie ein rahmendes Zelt die Komposition. Blumensträuße bilden einen luftigen Betthimmel über dem Liebespaar. Figuren, Blumen, Fensterlandschaft und Geräte des Zimmers sind in einer leichten, andeutenden Formgebung zueinander in dem lichten Bildraum in Beziehung gesetzt. Spürt man in der weichen Formgebung den Umgang mit Ton, mit Lasuren, in der ungeduldigen Zeichnung die Bearbeitung von Graphiken? Jedenfalls schwingt die Freude am Metier des Künstlers, die spielerische Beherrschung formaler Probleme, das Ergriffenwerdenkönnen durch Farb- und Lichtrausch wie ein heller Gesang aus dem Bild und überträgt sich auf den Betrachter.

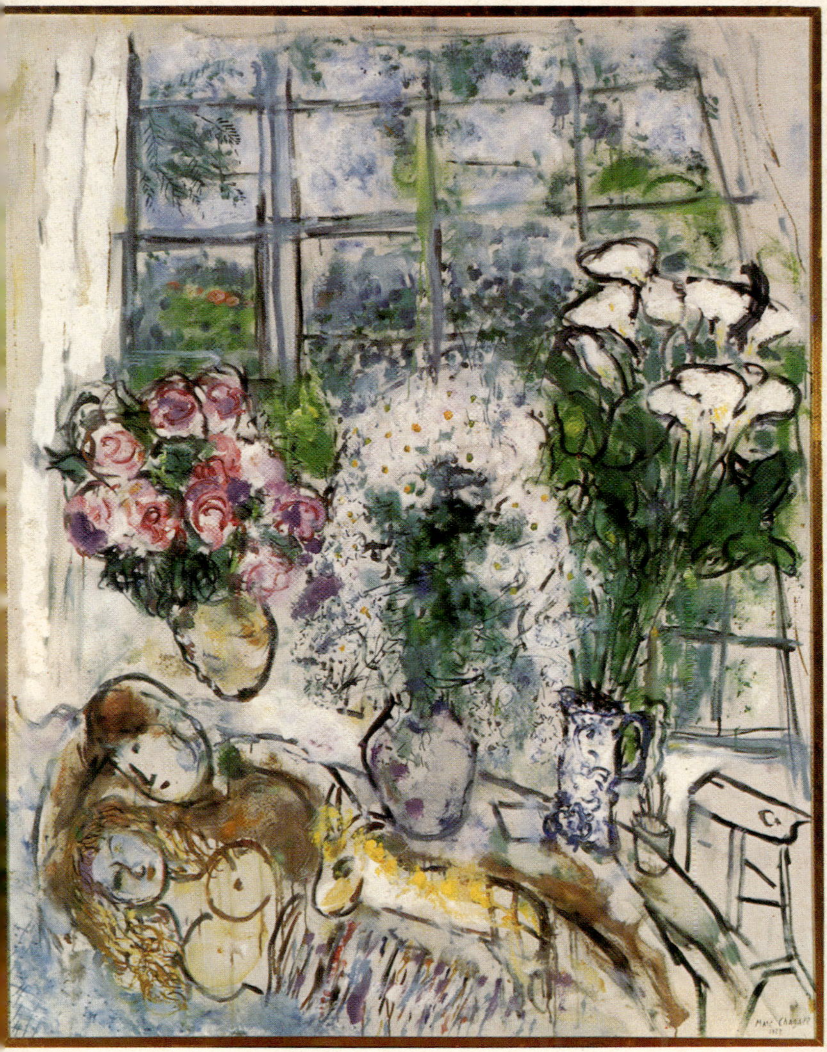

Die Radfahrer

Abb.

1957
Öl auf Leinwand
152 × 100 cm
bez. u. r. 1957 Marc Chagall
Privatbesitz

Mit den Illustrationen zu einer dem Thema Zirkus gewidmeten Farblithofolge, die der Kunsthändler Vollard 1927 in Auftrag gegeben hatte, setzt die Beschäftigung mit dem Zirkusthema ein. Abend für Abend saßen damals Vollard und Chagall im «Cirque d'Hiver». In der Welt des Kunstlichts, der stilisierten Aktion, der Bewegungs- und Verwandlungskunst war Chagall seit seiner Mitarbeit am jüdischen Theater in Moskau daheim. Zirkus und Theater begleiteten ihn sein Leben lang. In der Motivwelt sind sie gegenwärtig, und in direkter Auftragsarbeit für Theater- und Ballettaufführungen, für Foyer- und Deckenbilder bleibt der persönliche Kontakt mit der Atmosphäre lebendig: in New York hatte Chagall für das «Théatre-Ballett» zwei Bühnenbilder und Kostüme geschaffen; Foyerbilder für das Watergate Theatre in London und für Frankfurt entstanden nach dem Krieg, für die Pariser Oper entstanden später die Szenenbilder zu Daphnis und Chloë und das riesige Deckengemälde des Zuschauerraums. 1967 wurde in der neuen Metropolitan Opera in New York das Wandgemälde eingeweiht und die «Zauberflöte» mit Dekorationen und Kostümen von Chagall aufgeführt. Diese ganze Aufzählung will nur verdeutlichen, daß Chagall in der Welt von Zirkus und Theater lebte und ihre Thematik nicht einfach als beliebige Versatzstücke sinnbildlich oder dekorativ in seine Bilder einbezog.

In den 50er Jahren war Chagall bei den Aufnahmen eines Films, der im «Cirque d'Hiver» in Paris gedreht wurde, dabei. Nun packt ihn das Thema Zirkus erneut. Schon den für das Foyer des Watergate Theatre in London geplanten Wandbildern lagen Zirkusthemen zugrunde; es entstanden 1950 zwei selbständige Bilder daraus, der «Blaue Zirkus» und der auf Gelb gestimmte «Tanz». Sie wurden noch von signifikanten Motiven beherrscht; im «Großen Zirkus» von 1956 aber wird Zirkus zur Chiffre eines Lebensgleichnisses, in dem Bewegung, Verwandlung, Unlogik und konsequente Folgerichtigkeit zusammenspielen. Die «Radfahrer» als Gesamtkomposition gerinnen zum riesigen magischen Diagramm, in dem Schwung und Gegenschwung wie beim Glücksrad sich zur magisch-mystischen Chiffre verdichten. Die Bewegung durchkreist in mächtigen Farbbahnen das Bildfeld. Figürliche Gesten, wie die den Reif Schwingende unten rechts oder die Akrobatensäule auf dem Rad, unterstreichen nur die von Farbe getragene Dynamik – oder sie ergänzen sie. Dem realen Zusammenspiel und Wandlungsrhythmus im Zirkusvorgang entspricht das Zusammenspiel bildnerischer Figurationen und Farbwerte im Gemälde.

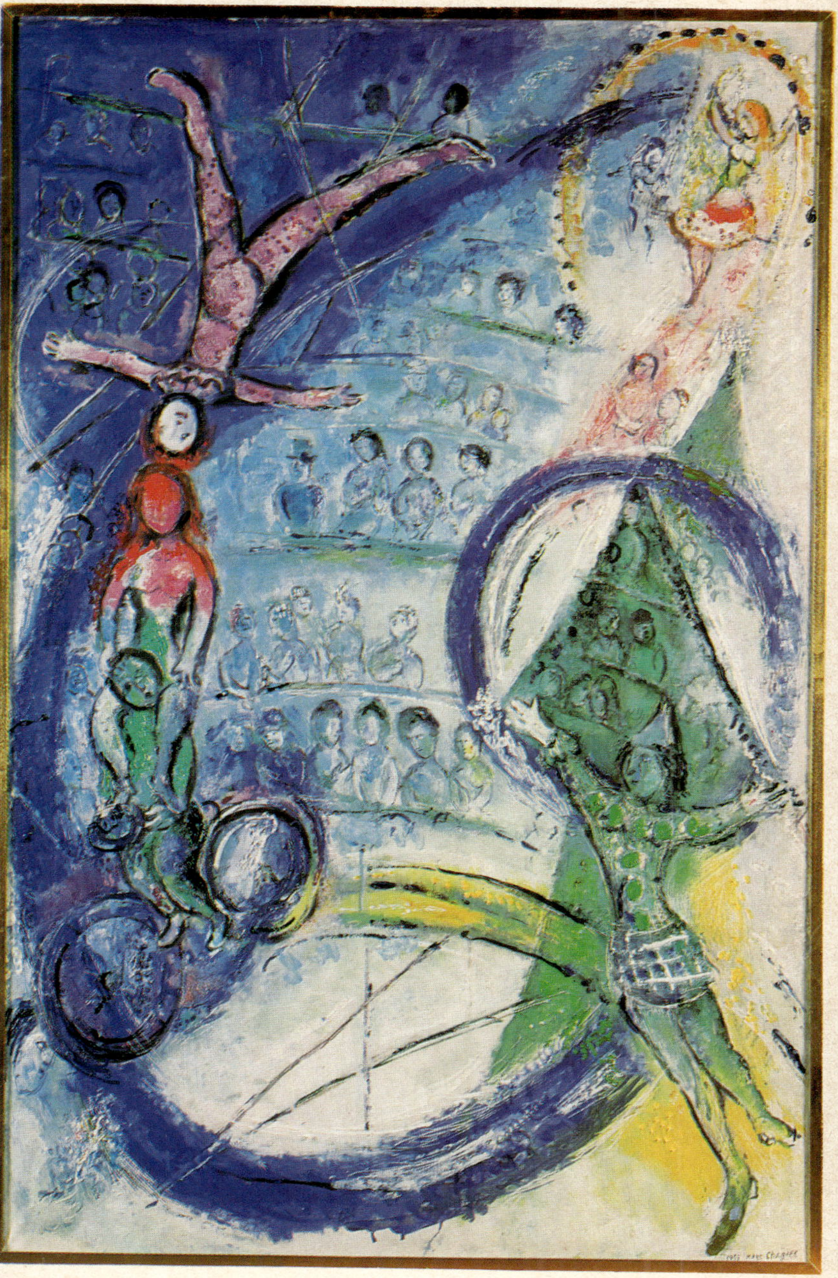

Der Stamm Joseph

Abb. 16

1959–60
Gouache und Collage
42 × 32 cm
Privatbesitz

1959 trat an Chagall eine der großartigsten Aufgaben heran, die er je zu bewältigen hatte: die Gestaltung von 12 Glasfenstern für die Synagoge der Hadassah-Klinik in Jerusalem. Geistiges Zentrum im riesigen Spitalkomplex, der auf einem Hügel außerhalb der Stadt Jerusalem angelegt wurde, ist eine kleine Synagoge. Sie ist so in den Hang gebaut, daß der Obergaden über dem quadratischen Betraum wie eine Krone über die Höhe ragt; jede der vier Seiten wird von drei gleich großen Arkaden geformt, den Umrissen der farbigen, 340 × 250 cm großen Glasgemälde folgend. Die Symbolik des himmlischen, zwölftorigen Jerusalem, der Krone aus den Edelsteinen, die in den Farben der zwölf Stämme auch auf dem Brustschild des Hohen Priesters leuchten, ist in die architektonisch gefaßte Glaslaterne übertragen. Jedes Fenster ist von der heraldischen Farbe seines Stammes bestimmt: Blau (Ruben, Simeon, Dan), Rot (Juda, Sebulon, Benjamin), Goldgelb (Levi, Naphtali, Joseph), Grün (Issaschar, Gad, Ascher). Hier, wo das Licht transparente, mit Farbsubstanz verschmolzene Materie durchdringt, blüht die Farbkunst Chagalls zu einem unerhörten Fest auf. Die Sonne umwandert diesen gläsernen Baldachin und läßt die Farben immer anders aufklingen. In ihrem Zusammenschluß, in ihrem Wechsel von Farbklängen, von Hell und Dunkel, in ihren thematischen Sinnbezügen bilden die Fenster wirklich ein Theatrum mundi. Die Klagen, der Raum sei zu eng, man könne den Zyklus nur schwer als Ganzes überblicken, sind völlig unberechtigt; wenn einmal, so geht es hier nicht in erster Linie um die Möglichkeit, ein ästhetisches Kunstprodukt zu bestaunen, sondern um die Verwirklichung einer sakralen Welt, die den Andächtigen im Tempel umschließt. Von allen Glasbildaufträgen (den früheren für die Kirche von Assy und die Kathedrale von Metz; den späteren für die Rockefeller-Kapelle in den USA und den Chor des Zürcher Fraumünsters) ist der Hadassah-Zyklus Chagalls bedeutendste Leistung: hier erlebt der Betrachter das Gefangensein in der Freiheit einer großen, ungestörten Harmonie, das der Künstler immer anstrebte.

Das Gebot, keine Ebenbilder nach Gottes Schöpfung zu gestalten, wird grundsätzlich eingehalten: die Stammväter erscheinen in den Farben und in den Attributen aus den Segnungen, die der Patriarch Jakob über sie sprach. «Joseph wird wachsen, er wird wachsen wie ein Baum an der Quelle, daß die Zweige emporsteigen über die Mauer. Und wiewohl ihn die Schützen erzürnen und ihn bekriegen und verfolgen, so bleibt doch sein Bogen fest und seine Hände stark, er ist der Hirte und Stein Israels . . .»

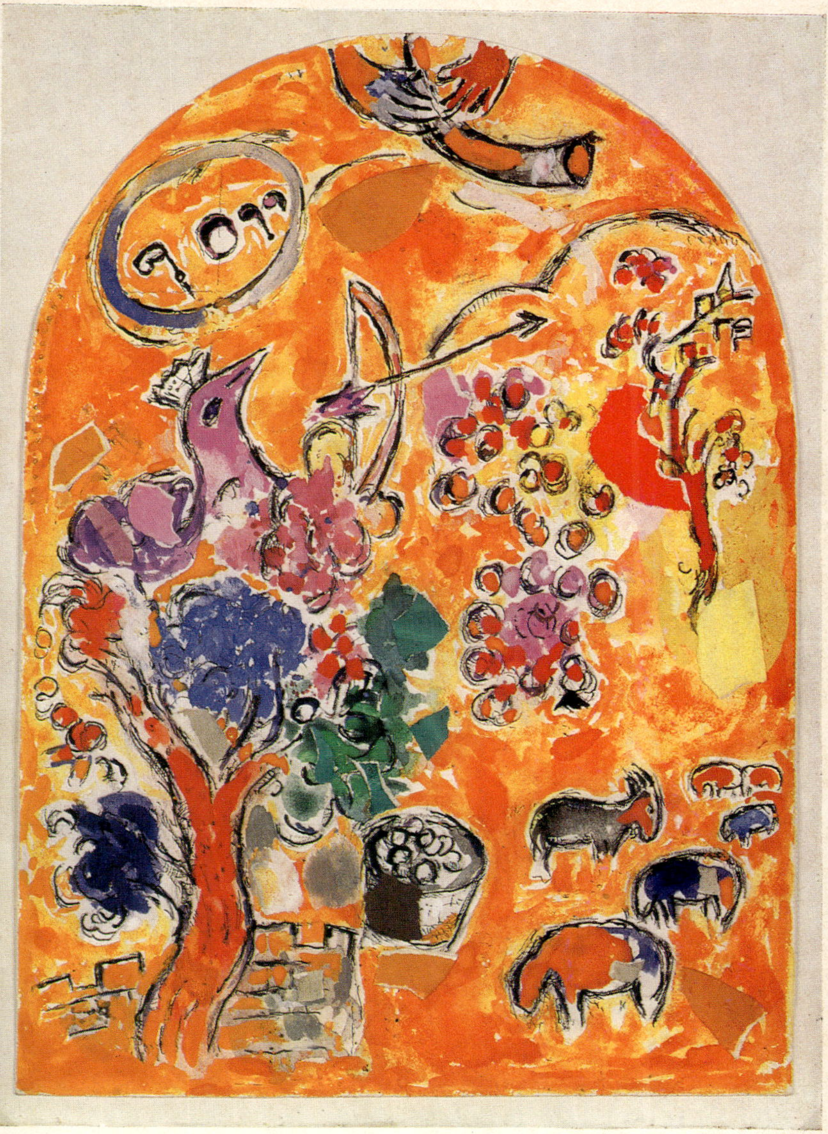
יוסף

Bildnis Vava

Abb. 17

1966
Öl auf Leinwand
92 × 65 cm
Privatbesitz

Wann hat Chagall Bildnisse gemalt – wen hat er porträtiert? Nur Menschen, die ihm sehr nahe standen, und auch dann nur in der Überhöhung einer allgemeingültigen Aussage. Die vielen Selbstbildnisse fallen in eine andere Kategorie – es sind Selbstbegegnungen, Vergewisserungen über die eigene Rolle im großen Spiel dieses Lebens. Vater, Mutter, Geschwister, Braut, die nächsten Freunde der ersten Pariser Zeit, die alten Juden von Witebsk, Bella, die Tochter Ida und, nach der Begegnung mit der zweiten Gemahlin, Vava-Valentine Brodsky, mit der sich Chagall 1952 verband – das sind die Porträts Chagalls.

Vava umsorgt Chagall seit der Niederlassung in Vence; sie bietet ihm die Sammlung und Ruhe, deren er bedarf, und die Teilnahme an seinem Schaffen, auf die er angewiesen ist. 1955 entstand eine zauberhafte große Gouache: Gesichtsoval, Blumenstrauß vor der Brust und der schimmernde, langgestreckte Kopf des Tieres, das so oft als Doppelwesen Chagalls Menschen begleitet, in den mattleuchtenden Temperafarben, die den stumpfen Schimmer eines innern Lichts so gut zum Ausdruck bringen. Elf Jahre später nimmt Chagall das Bildnisthema Vava in einem großen Ölgemälde wieder auf. Die Züge des klaren Gesichtsovals sind sehr ins Allgemeine transponiert; es handelt sich ja nicht um das Konterfei, sondern eher um das spirituelle Bildnis eines Menschen. Darum ist Vava hier auch umschlossen von ihrem Lebenskreis zugehörigen Zeichen. Sie sitzt im Atelier neben der Staffelei mit einem nächtlichen Witebsk, über das der Zeitvogel fliegt. In ihrem Schoß ruht wie eine Votivgabe ein Liebespaar, Sinnbild harmonischen Glücks. Über ihrer linken Schulter steigt der leuchtend rote Tierkopf auf, dessen Farbe das transparente Grün des Gesichts hervorhebt und steigert. Aus dem Nachtblau des Hintergrunds schimmert das golderleuchtete Gesicht des Malers, treten geisterhaft der Eiffelturm und das Gebäude der Opéra hervor, an deren Plafond damals Chagall arbeitete.

Das Zusammenbinden dieser ganz verschiedenen Realitätsgraden zugehörigen Motive mit der streng frontal aufgebauten Gestalt weist darauf hin, wie die Wirklichkeit des Greifbaren mit der Wirklichkeit des innerlich Geschauten und mit dem materiellen und psychischen Charakter der Farbe ineinanderklingen muß, wenn Chagalls Idee von einem totalen Bild sich verwirklichen soll. Vor der Realität des Bildes werden die symbolischen und metaphorischen Deutungen unwichtig: Vava lebt in Chagalls Bild als Mittelpunkt von Farben und Vorstellungsbildern, ihr grün verklärtes Gesicht strahlt eine mondhafte Ruhe aus.

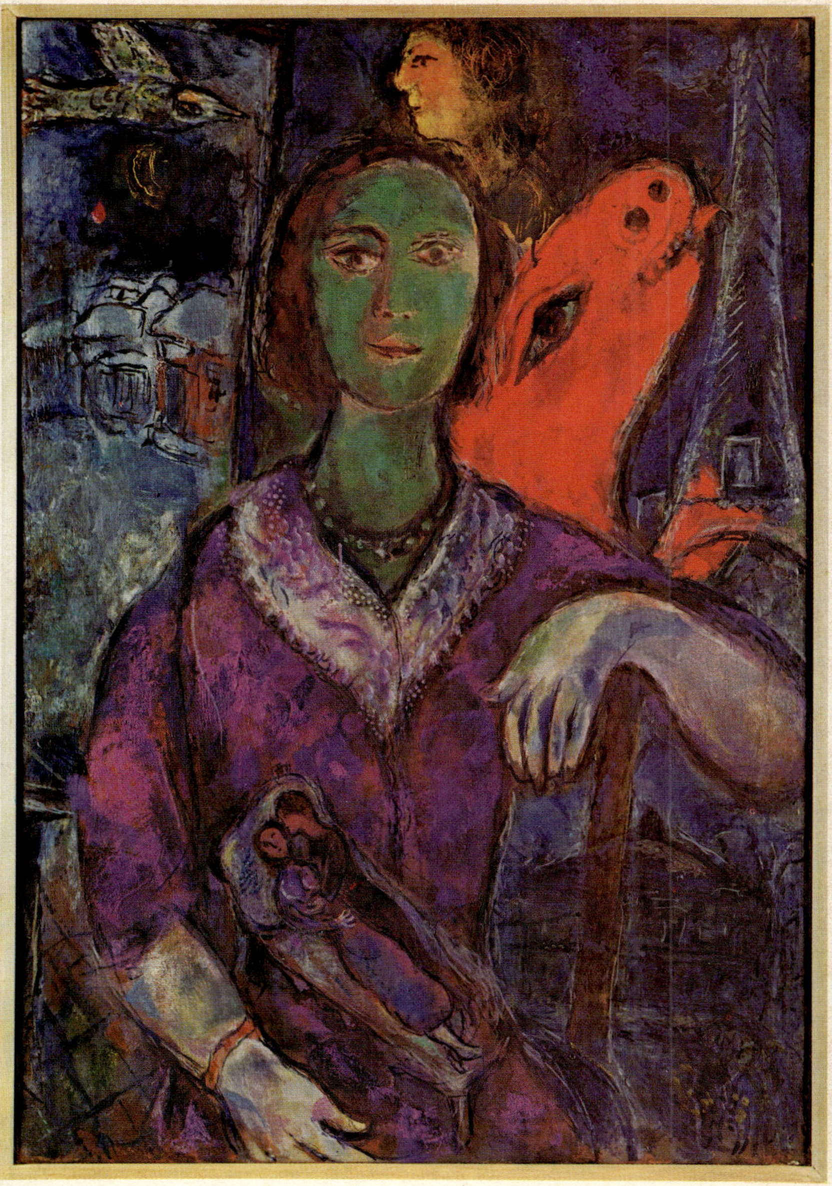

Der Reiter

Abb. 1

1966
Öl auf Leinwand
146 × 114 cm
Privatbesitz

Jahrzehntelang hat Chagall von der «Chemie» seiner Farbe wie auch von der «psychischen Konstruktion» seiner Gemälde gesprochen. Ziemlich vieldeutige, nur im Tonfall der jeweils persönlichen Deutung durch den Maler selber verständliche Wortvehikel! Wahrscheinlich übersetzt man «chimie» am besten mit «Alchemie» und versteht darunter den geheimnisvollen Vorgang, der nur bei großen Malern zu erleben ist: daß die Substanz der Farbe materiell wie spirituell einen lebendigen Vorgang bewirkt, daß mit ihr etwas erschaffen werden kann, das dem Reichtum und der Lebendigkeit natürlicher Gewächse gleichkommt. Nicht zufällig spricht Chagall dann im gleichen Atemzug von Rembrandt und Tizian. Die geistig-handwerkliche Beherrschung der Farbe in ihren Alterswerken zeugt von höchster Kenntnis der «chimie».

Um die Zeit der Vollendung seines achten Lebensjahrzehnts bricht bei Chagall ein triumphales Arbeiten mit Farbe hervor: er knetet und streicht, mischt und strukturiert die Farbe, bis sie geisterhaftes Leuchten oder unerhörtes Sprühen erreicht. Manchmal werden die Formen der Bildmetaphern etwas matt – wie müde gemacht durch den überstarken Vorgang der Farbbearbeitung. Im «Reiter» hält sich die Kraft des Farbleuchtens mit der Lebendigkeit des Bildmotivs die Waage. Chagall findet ein neues Bild: den Peon, der mit seinem Tier verwachsen ist. Pferd, Bock, Kuh? Das Tier ist paarhufig, und die Ohren züngeln wie gelbe Hörnchen vom Kopf. In seinem weißen Fell mischt sich die Zauberpaste aller Farben. Es trabt oder fliegt durch eine glühend rote Welt, von friedlichen Bildern umkreist: Häuser, Gestirne, Blumenmädchen, Musikant, Geliebte. Sind Chagall alte Erinnerungen an Mexiko aufgestiegen, wo er während seiner Amerika-Zeit einen Monat lang an der Ausstattung des Balletts «Aleko» arbeitete? Das Ballett basiert auf Tschaikowskis Klaviertrio nach dem Gedicht «Die Zigeuner» von Puschkin. Die Motive in Chagalls Reiterbild von 1966 würden übereinstimmen – vor allem aber hat das Kolorit etwas Volkskunstkräftiges, wie wir es von bemalten mexikanischen Tonfiguren her kennen.

Diese Ableitungen sind nicht wichtig – wir wissen ja, daß Chagall jederzeit Bilder tief aus seinem Erlebnis- und Erfahrungsschatz heraufholen konnte und daß Motive lange ruhen und dann wieder, oft sehr verwandelt, hervorbrechen konnten. Hinreißend in diesem Werk ist die frohgemute Auszugsstimmung des die Welt in einem Farbrausch durchtänzelnden Reiters.

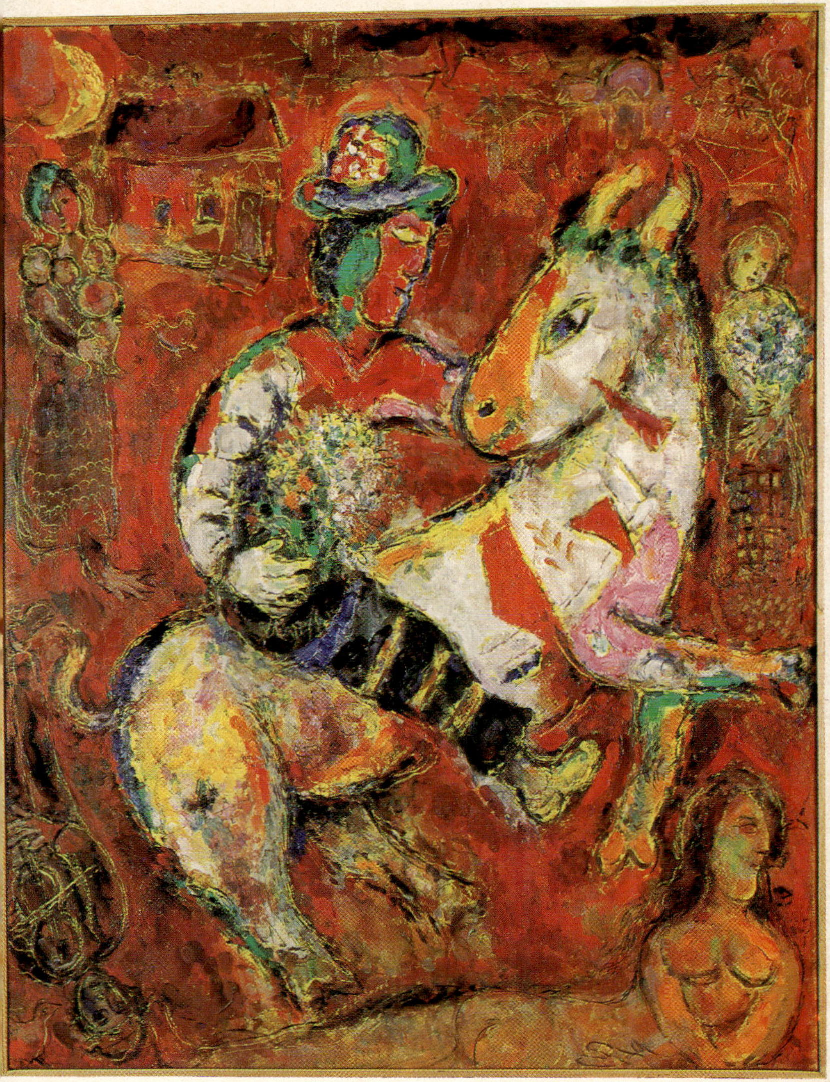

Vor dem Bild

Abb.

1968–71
Öl auf Leinwand
160 × 114 cm
bez. u. r. Marc Chagall
Privatbesitz

Dieses Bild voll tiefen Ernstes hat der 84jährige Maler vollendet: in ihm liegt so etwas wie eine Vermächtnisformel vieler Einsichten, die den Künstler durch sein Schaffen geleitet haben.

Das klassische Motiv des «Bild im Bilde» füllt in auf Schwarz und Weiß bezogenen Tönen das Werk. Die Farbe ist zurückgenommen in das Nachtdunkel des innern Gemäldes auf der Staffelei. Sie wirkt noch gedämpft in der Rahmenzone und schwelt wie Glut unter der Asche auch im Innenbild mit dem Gekreuzigten. Eine seltsame Spannung herrscht zwischen dem verzogenen Rechteck des Staffeleibildes zum Feld der Gesamtkomposition. Tief bedeutungsvoll ist es, wie äußeres und inneres Bild trotz des Farbkontrastes an gewissen Stellen zusammenwachsen: der senkrechte Balken des Kreuzes setzt sich im Stamm der Staffelei fort; der tierköpfige Maler mit der Palette in der Rechten schmilzt in Form und Farbe seines Werkes ein, sein linker Arm verschwindet schon geisterhaft in der Dunkelheit. Wie oft hat sich Chagall im Rollenbild des Malers an der Staffelei dargestellt! Nie noch in dieser demütig-zurückgezogenen Bescheidenheit einer Stifterfigur. Das dunkle Bild, mit dessen Wirklichkeit Haupt und Hand des Malers verschmelzen, gibt einer Fensteröffnung gleich den Blick in eine vielschichtige Erinnerungslandschaft frei: Witebsk mit Bränden und Lichtschimmern, der Vater mit der Schirmmütze und der junge Chagall, Engel und Beter zeichnen sich ab. Alles beherrscht die Gestalt des Mannes am Kreuz, der Duldung, Sanftmut, Verharren bei der Liebe im Leiden verkörpert und zu dem sich auch der lichte kleine Engel von außen ins Bilddunkel schwingt. In der Rahmenzone, der Welt des Malers, erfährt das Innenbild gleichsam sein Echo; Behausungen, Menschen, Gestirne. Aus ihrem Dämmer tritt neben dem Maler nur die lichte Gestalt eines bräutlichen Mädchens deutlich hervor. Von ihm aus nähert sich der strahlend weiße Engel dem innern Bildraum. Dieser Lichtgenius ist, wie der Maler selber, eins mit beiden Welten: mit der psychisch durchlebten wie mit der physisch geschauten.

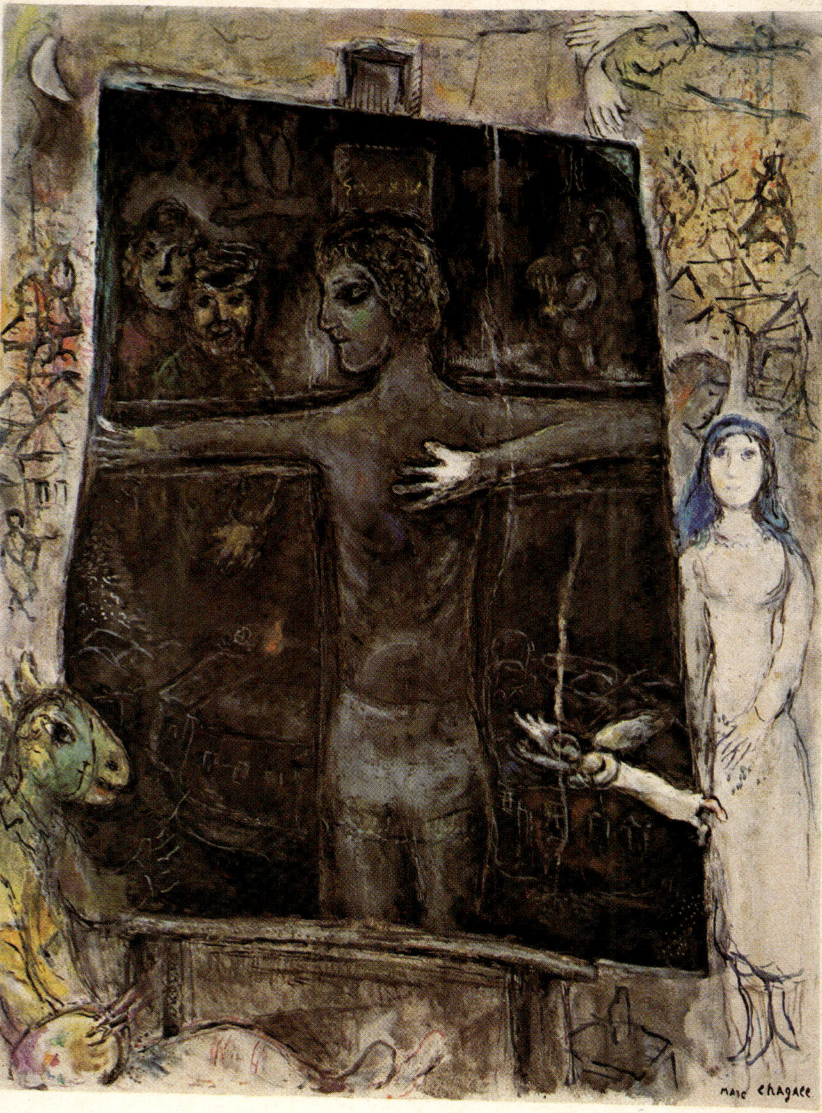
Marc Chagall